본질적인
밀턴 프리드먼

도서출판 **리버티**에서 낸 역서

≪경제 모형과 방법론≫

≪공공선택론 입문≫

≪미국의 외교 문제: 간결한 역사≫

≪루트비히 폰 미제스 입문≫

≪시장은 어떻게 작동하는가: 불균형, 기업가 정신 그리고 발견≫

≪자유주의와 연고주의: 대항하는 두 정치 경제 체제≫

≪오스트리아학파 경제학 입문≫

≪대도시 지역의 공공경제: 공공선택 접근법≫

≪자유 사회의 기초≫

≪초보자를 위한 자유의 길잡이≫

≪고전적 자유주의 입문≫

≪축약된 국부론 그리고 대단히 축약된 도덕 감정론≫

≪자유 101≫

≪공공 정책과 삶의 질: 시장 유인 대 정부 계획≫

≪번영의 생산: 시장 과정의 작동의 탐구≫

≪애덤 스미스 입문≫

≪공공선택론 고급 개론≫

≪아인 랜드 개론≫

≪시장의 재도입: 시장 자유주의의 정치적 부활≫

≪자본주의 개론≫

≪정치적 자본주의: 경제 및 정치 권력이 어떻게 형성되고 유지되는가≫

≪학파: 101인의 위대한 자유주의 사상가≫

≪본질적인 오스트리아학파 경제학≫

≪기업가 정신 개론≫

≪본질적인 애덤 스미스≫

≪민주주의 개론≫

≪본질적인 제임스 뷰캐넌≫

본질적인
밀턴 프리드먼

스티븐 E. 랜즈버그 지음
황수연 옮김

The Essential
Milton Friedman

by Steven E. Landsburg

도서출판 리버티

본질적인 **밀턴 프리드먼**

지은이 **스티븐 E. 랜즈버그**
옮긴이 **황수연**
펴낸이 **구자춘**

초판 1쇄 펴낸날 2022년 1월 28일

도서출판 리버티
48075 부산 해운대구 양운로 182, 103-404
전화 (051) 701-0122 / 팩스 (051) 918-0177
출판등록 2013년 1월 10일 제333-2013-000001호
전자우편 jachoon2@hanmail.net

Liberty Publishing House
182 Yangwoon-ro, 103-404, Haeundae-gu, Busan 48075, Republic of Korea
Phone 82 51 701 0122
email jachoon2@hanmail.net

© 도서출판 리버티 2022

The Essential Milton Friedman by Steven E. Landsburg

Copyright © The Fraser Institute 2022. All rights reserved. No part of this book may be reproduced in any manner whatsoever without written permission from the Fraser Institute, except in the case of brief quotations embodied in critical articles and reviews.

The author of this book has worked independently and opinions expressed by him are, therefore, his own, and do not necessarily reflect the opinions of the supporters, directors, or employees of the Fraser Institute. This publication in no way implies that the Fraser Institute, its directors, or staff are in favor of, or oppose the passage of, any bill; or that they support or oppose any particular political party or candidate.

The translation of this Korean edition has been undertaken with the permission of the Fraser Institute.

Korean translation edition © 2022 by Liberty Publishing House
Translated by Sooyoun Hwang

이 책의 한국어 판권은 저작권자인 The Fraser Institute와 계약한 도서출판 리버티에 있습니다. 저작권법에 의해 한국 내에서 보호를 받는 저작물이므로 어떠한 형태로든 무단 전재와 무단 복제를 금합니다.

ISBN 978-89-98766-27-6 (93300)

차례

서론 ··· 7

1 항상 소득 가설 ································· 11

2 화폐, 가격들, 그리고 인플레이션 ········ 19

3 화폐 정책 ·· 25

4 화폐 역사 ·· 33

5 실업 ··· 43

6 시카고 가격 이론 ······························· 53

7 자본주의와 자유 ································ 61

8 정책 분석 ·· 69

9 행동주의 ··· 77

10 시민 강연 ··· 87

　추가적인 읽을거리를 포함하는 장들에 관한 주 ············ 95

- 출판 정보 ··· 101
- 지은이에 관해 ·· 103
- 출판사의 감사 말씀 ·· 104
- 프레이저 연구소를 후원하기 ·································· 105
- 목적, 자금 조달, 그리고 독립 ································· 106
- 프레이저 연구소에 관해 ······································· 107
- 편집 자문 위원회 ··· 109

- 옮긴이 후기 ··· 112
- 옮긴이에 관해 ·· 114

서론

경제학자들이 "영향력 있는(influential)" 것으로 불릴 때, 그것은 보통 그들이 다른 경제학자들이 생각하는 방식을 바꾸었다는 점을 의미한다. 그 기준으로 보면, 밀턴 프리드먼은 역대 가장 영향력 있는 경제학자 중 한 사람이었다. 그는 경제학자들이 소비에 관해, 화폐에 관해, 안정화 정책에 관해, 그리고 실업에 관해 생각하는 방식을 근본적으로 바꾸었다. 그는 인간 행동에 관한 소수의 간단한 가정에 대해 입장을 분명히 밝히고 그다음 가차 없이 그것들의 논리적인 함의들을 추구하는 것의 효력을 보여주었다. 그는 자료를 해석하는 새로운 방식들을 개발하여 가르쳤고, 자기의 이론들을 복수의 이질적인 현상을 설명하는 그것들의 능력으로 검증했다. 그의 성공들은 눈부셨고 그의 기법들은 널리 모방되었다.

여러 경우에, 프리드먼의 방법들은 법의 경제학적 분석, 경제사에 대한 계량적 접근법, 범죄와 처벌의 경제학, 가족 관계의 경제학, 그리고 재무에 대한 경제학적 접근법을 포함하는 완전한 새 하위 분야들의 창설을 초래했—고 프리드먼의 조수들에 대한 다수의 노벨상으로 이어졌—다.

그러나 프리드먼의 영향력은 경제학자들을 넘어 확대되었다. 일반 대중에게, 그는 경제적 및 개인적 자유에 대한 세계 일류의 옹호자였다. 자기의 저작들과 자기의 매체 출연들을 통해, 그는 시장들이 어떻게 작동하는지 그리고 정부들이 어떻게 자주 실패하는지 수백만 사람을 교육했다. 그는 인기가 떨어진 고전적 자유주의 관념들의 체면을 회복하였는데, 그는 교묘한 선전에 의해서가 아니라 그 사상 자체의 깊고 지속적인 이해(理解)를 전달함으로써 그렇게 했다.

그리고 그는 정책 결정자들에게 영향을 끼쳤다. 미국에서, 그는 징병을 끝내고, 교육 선택을 넓히며, 규제 환경을 바꾸는 것을 도왔다. 세계적으로, 거의 모든 중앙은행은 지금 프리드먼의 통찰들과 권고들에 근거를 둔 (물론, 우리가 지금 사는 변화된 세계에 맞게 갱신된) 정책들을 따르고, 그리하여 세계를, 한때 일상적이었던 종류의 비참한 정책 오류들에서 대개 해방된, 더 부유하고 더 안정적인 곳으로 만들었다. 소련이 붕괴했을 때, 프리드먼의 저작들은 여러 구(舊) 공산주의 국가에서 새로운 제도들의 설계에 영감을 주었고, 이 방침을 채택한 국가들은 번영과 자유로 보상받았다.

초기에 통계학에 잠깐 손을 댄 후에 (거기서 그는, 말하자면, 스케이팅 경기에서 심판들 사이 다툼을 해석하기 위해 "프리드먼 검증(Friedman Test)"을 개발했다), 프리드먼은 경제학을 연구하는 데로 옮겨갔고, 무엇보다도, 직업 면허의 효과들에 관해 1946년의 박사 학위 논문을 썼는데, 이것은 그가 자주 돌아온 주제였다. 다음 해에, 그는 시카고 대학교에 일자리를 수락했는데, 그는 소비 행동, 화폐 이론, 그리고 화폐의 역사에 관한 자기의 획기적인 학문 연구 대부분을 거기서 했고, 30년 동안 경제학과의 이의 없는 지적 지도자로서 역할을 했다. 1976년, 그는 노벨상을 받았다.

대중은, 정책 결정자들에 대해 자문가로서 그의 참석 증가에 덧붙여, ≪자본주의와 자유(Capitalism and Freedom)≫라는 그의 1962년

인기도서와 ≪뉴스위크≫ 잡지에 쓴 그의 후속 시리즈의 대략 300개 칼럼을 통해 프리드먼을 알게 되었다. 1977년 자기의 은퇴 후에, 프리드먼은 스탠퍼드 대학교의 후버 연구소(Hoover Institution)로 옮겼고, 자기 아내 로즈(Rose) 그리고 텔레비전 제작자 로버트 치테스터(Robert Chitester)와 협력하여, 텔레비전 시리즈 ≪선택의 자유(Free to Choose)≫ 그리고 같은 제목을 가진 그에 따르는 책을 창작했다. TV 시리즈와 책 양쪽 다 엄청난 시청자를 끌어들였고 프리드먼의 세계적 명성을 견고하게 했다. 소련의 붕괴 이후 여러 동유럽 지도자는 특히 ≪선택의 자유≫를 자기들의 새 경제 정책들에 대한 주요 영감으로서 언급했다.

경제 이론, 경제 실무, 경제 정책, 그리고 경제를 읽고 쓰는 능력에 대한 프리드먼의 이례적인 공헌들을 정당하게 평가하는 데는 여러 권의 큰 책이 필요할 것이다. 이어지는 몇 개의 짧은 장은 그런 책들이 포함할지 모르는 것에 관한 하나의 개관을 제공할 것이다.

1 항상 소득 가설

당신의 경제가 침체에 처해 있는데, 왜냐하면 사람들이 웬일인지 충분히 지출하지 않기 때문이라고 당신이 믿는다고 가정해 보자. 당신은 어떻게 그들이 자기들의 지갑을 열게 하는가?

몇몇 자료를 읽는 것으로 시작하라. 당신은 지출이 소득과 높은 상관관계가 있다는 점을 재빨리 발견할 것이다. 만약, 어떤 주어진 해에, 앨리스가 보브보다 1달러만큼 더 번다면, 평균적으로 그녀가 그보다 적어도 90센트만큼 더 쓸 것이라는 점이 잘 기록되어 있다.[1]

아하! 문제가 해결되었다! 만약 당신이 사람들이 더 많이 지출하기를 원한다면, 당신은 그들의 소득을 올리는 것으로 시작해야 한다. 당신의 정부에 권하여 앨리스를 고용해서 그녀의 봉급을 1달러만큼 올리게 하라. 그녀는 추가로 약 90센트를 지출할 것—이고 그것은 단지 시작일 뿐—이다. 만약 그녀가 그 90센트를 정육점이나 미장원이나 전통 양조장에서 쓴다면, 정육점 주인이나 미용사나 맥주 양조업자는 추가로 90센트를 얻고 아마도 그것의 약 90퍼센트를 지출할 것인데, 이것은 또 어떤 다른 사람의 소득을 올리고, 등으로 계속된다. 모든 것이 이야기되고 행해질 때, 1달러의 추가적인 정부 지출은 총지출

---

[1] 나는 여기서와 장 전체에 걸쳐서 90센트를 설명례로서 사용하고 있다. 올바른 숫자가 조금 더 낮은지 혹은 조금 더 높은지에 관해 어떤 사람들이 남의 흠을 찾을 여지가 있지만, 그것은 여기에서 중요하지 않다.

(과 총소득)을 10달러 혹은 그보다 더 올릴 수 있다.

그것은 소위 "케인스의 승수(Keynesian multiplier)" 이야기다. 옛날에, 거의 모든 경제학자는 그것을 정책 결정의 초석으로 여겼다.

여기에 문제가 있다:

소득은 참으로 지출과 높은 상관관계가 있다. 그러나 *상관관계는 인과 관계가 아니다.* 앨리스가 보브보다 1달러만큼 더 벌 때, 그녀는 전형적으로 그보다 90센트만큼 더 지출한다. 그러나 그녀의 벌기는 그 지출의 원인이 아니다. 대신, 다가올 몇 년 동안 그녀가 그보다 계속해서 더 벌 것으로 예상하기 때문에 그녀는 (대개) 그보다 더 지출한다.

대체로, 사람들은 자기들의 지출을 자기들의 *현재* 소득이 아니라 자기들의 *항상* 소득에—즉, 자기들의 예상 생애 소득과 같은 어떤 것에—대응시킨다.[2]

그런데 만약 앨리스가 자기의 사적 고용주로부터 1달러의 연간 인상을 얻는다면, 그녀는 인상이 아마 영구적일 것이라고—옳게!—믿을 것 같다. 그것은 그녀가 더 많이 지출하는 이유이고, 그것은 더 높은 소득이 보통 더 높은 지출과 관련되는 점을 자료가 보여주는 이유이다. 그러나 만약, 대신, 앨리스가 1달러 연간 인상을, 지출을 일시적으로 증가시키기로 결정한, 정부로부터 얻는다면, 그녀는 아마도 자기의 봉급이 정상으로 돌아올 날에 대비해 그 달러의 대부분을 비축하기를 원할 것이다. 우리가 케인스의 승수라고 불렀던 지출의 주기

---

[2] 나는 내 대학생들에게 이것 때문에, 비록 그들의 현재 소득이 거의 같다고 할지라도, 경제학 전공자들이 종종 자동차를 소유하지만 철학 전공자들이 그렇지 못하다고 이야기하기를 좋아한다. 경제학 전공자들은 언젠가 고용될 것을 예상한다.

는 결코 순조롭게 출발하지 못할 것이다.

그렇다면, 좋다. 아마도 해결책은 정부가 앨리스를 고용하여 그녀의 봉급을 매년 1달러만큼 *영구적으로*(permanently) 인상하는 것일 것이다. 그것은 정부가 매년 그 달러를 어디서 얻을 것인지에 관해 당신이 생각하기 시작할 때까지는 좋게 들린다.

- 정부는 보브의 세금을 1년에 1달러만큼 인상할 수 있을 것이다. 그러나 그때, 앨리스의 지출이 올라가는 꼭 그만큼, 보브의 지출은 내려간다. 만약 당신이 총지출을 증가시키기를 원하면, 이것은 당신을 어느 곳으로도 데려가지 않는다.
- 정부는 매년 보브로부터 1달러를 빌릴 수 있을 것이다. 그러나 결국에는 보브는 상환받기를 원할 것이고, 그 시점에서 정부는 돈을 얻기 위해 찰리의 세금을 조달해야 할 것이다. 그 시점에서, 찰리는 덜 지출하기 시작한다. 더 나쁘게, 만약 찰리가 소식을 따라간다면, 그는 정부가 부채를 늘리고 있다는 점, 미래 세금이 오를 것 같다는 점, 그리고 그 자신의 항상 소득이 그러므로 타격을 입었다는 점을 알아차릴 것 같은데, 이것은 그가 자기의 지출을 즉각 줄일 것이라는 점을 의미한다.

그렇다면, 그것이 문제다(There is the rub; 셰익스피어 작 ≪햄릿≫에서—옮긴이 주). 만약 당신이 앨리스가 더 많이 지출하기를 원한다면, 당신은 그저 그녀의 현재 소득만이 아니라 그녀의 *항상* 소득을 증가시켜야 한다. 그러나 정부는 보브나 찰리의 항상 소득을 똑같은 금액만큼 감소시키지 않고는 앨리스의 항상 소득을 증가시킬 수 없는데,

이것은 전 프로젝트를 실패할 운명에 처하게 한다.[3]

그것은 밀턴 프리드먼의 *항상 소득 가설*(permanent income hypothesis)의 한 결과이다. 더 정확하게, 프리드먼은 다음을 가설화했다.

- 당신의 항상 소득이, 말하자면, 한 해에 100달러만큼 오를 때, 당신은 전형적으로 당신의 연간 지출을 100달러에 매우 가까운 어떤 것만큼 증가시킬 것이다.[4]
- 당신의 비(非)항상 소득이 (직장에서의 예상치 못한 상여금, 지갑 분실, 당선된 긁는 복권, 혹은 병 때문에) 주어진 해에 100달러만큼 오르거나 떨어질 때, 당신은 전형적으로 당신의 현재 지출에 그저 작은 조정만 할 것이다.

만약 앨리스가 보브보다 한 해에 100달러만큼 더 번다면, (보통의 앨리스와 보통의 보브에 대해) 그것은 보통 그녀의 항상 소득이 그의 것을 약 90달러만큼 초과하고 그녀의 비항상 소득이 그의 것을 10달러만큼 초과하기 때문이다. 따라서, 오직 그녀의 항상 소득만이 그녀의 지출에 영향을 미치기 때문에, 그녀는 그보다 약 90달러만큼 더 많이 지출한다.[5]

---

[3] 가끔 예외들이 있다. 아마도, 정부는 운송 비용을 아주 많이 감소시켜 모든 사람의 항상 소득이—심지어 하이웨이를 건설하기 위해 그들이 내는 세금을 요소로 넣은 후에조차도—올라가는 하이웨이를 건설할 수 있을 것이다. 불행하게도, 대부분 정부 사업은 그리 생산적이지 않다.

[4] 정확하게 *얼마나* 가까운지는, 이자율과 당신이 얼마나 많이 이미 은행에 넣었는지를 포함하여, 다양한 요인에 달려 있다. 그러나 예를 들어 설명하기 위해, 나는 앞으로 당신이 당신의 지출을 완전히 100달러만큼 증가시킨다고 가정하겠다.

그러므로 앨리스가 보브보다 100달러만큼 더 벌 때, 그녀가 그보다 90달러만큼 더 지출한다는 점을 경제학자가 알아차리기—그 숫자들 배후에 있는 것을 전적으로 망각한 채로이면서—는 매우 쉽다. 특별히, 그 경제학자는 *비*항상 소득에서 100달러 증가가 지출에서 90달러 증가에 이를 수 있다고 믿는 실수를 쉽게 할 수 있다. 그러나 전(全) 케인스의 승수 이론의 근저에 있는 그 추론은 잘못되었다.

당신이 그것에 관해 생각할 때 이것은 대단히 이치에 맞는다. 만약 앨리스와 보브가 각각 매주 1,000달러를 번다면, 그들의 항상 소득은 같다. 그러나 만약 그녀가 금요일마다 봉급을 받고 그가 수요일마다 봉급을 받는다면, 그녀의 금요일 소득은 1,000달러이고 그의 금요일 소득은 0달러이다. 만약 지출이 실제로 (매일의) 소득에 달려 있다면, 우리는 금요일마다 앨리스가 스테이크를 먹고 보브가 빵부스러기를 먹는 것을 볼 것(그리고 수요일에는 반대)으로 예상할 것이다. 그들이 사실상 둘 다 매일 거의 똑같이 잘 사는 것은 그저 지출이 *항상* 소득에 달려 있기 때문뿐이다.

항상 소득 가설은 또한 오랫동안 경제학자들을 괴롭혀 왔던 성가신 수수께끼를 해결하기도 한다. 만약 앨리스가 자기의 이웃 보브보다 20,000달러 더 번다면, 그녀는 전형적으로 그보다 약 18,000달러만큼 더 지출한다. 그러나 만약 앨리스가 그녀의 할아버지가 그녀 나이에 벌었던 것보다 20,000달러 더 번다면, 그녀는 전형적으로 할아버지보다 20,000달러 거의 전액만큼 더 지출한다. (우리는 이것을 현실 세계 자료에서 본다.) 그 차이가 어디에서 유래하는가?

---

5 90달러 수치는 예를 들어 설명하기 위해서인데, 하기야 현실 세계 숫자가 아마도 이것에서 그리 멀지는 않을 것이다.

해답: 앨리스가 보브보다 더 벌 때, 그것은 종종 부분적으로 그녀가 이례적으로 운 좋은 해를 경험하고 있기 때문이다. 이례적으로 운 좋은 해들은 일반적으로 반복되지 않는다. 그래서 만약 그녀가 보브보다 20,000달러만큼 더 번다면, 그녀는 그보다 앞으로 단지 약 18,000달러만큼만 더 벌 것으로 예상할지 모르고 자기의 지출을 그 금액만큼만 증가시킨다.

그러나 앨리스가 자기 할아버지보다 더 번다면, 그것은 시대가 변했기 때문일 것 같다. 그것은 영구적인 상황이다. 그녀는 거의 같은 금액만큼 영원히 할아버지보다 계속해서 더 벌 것으로 예상하고, 그에 따라 지출한다.

그래서 항상 소득 가설은 많은 것을 설명한다. 그것이 사실인지의 질문이 남아 있다. 프리드먼은 여러 검증을 제안했다. 예를 들면, 농민들의 소득은 시장 및 기후 상황에 심하게 의존한다 (이것은 프리드먼의 시절에 특히 사실이었는데, 그때 농민들은 관례적으로 선물 시장들을 통해 위험을 막지 않았다). 공장 근로자들의 소득은 훨씬 더 예측 가능하다. 그래서 농민 프랭크의 소득에서 상방 급등은 대개 일시적일 것 같지만, 기계공 메리의 소득에서 상방 급등은 대개 영구적일 것 같다 (아마도 그녀가 승진했을 것이다). 그러므로 우리는 (물론 평균적으로) 소득 급등을 가진 기계공들이 소득 급등을 가진 농민들보다 자기들의 지출을 더 증가시키는 것을 목격할 것이다. 현실 세계 자료는 이 예측을 확증한다.

프리드먼은 대단히 많은 그러한 검증을 수행하여, 농민들 대 기계공들뿐만 아니라, 스웨덴 사람들 대 영국 사람들, 흑인 미국인들 대 백인 미국인들, 젊은이들 대 노인들, 기타 등등도 비교했다. 각 사례에서 결과들은 항상 소득 가설과 일치한다. 그래서 프리드먼이 어떤 단일의 검증도 강력한 덩크 슛(slam-dunk) 증명이 될 수 없다고 인정했지만, 그는 모두 합쳐 생각한 이 모든 검증의 비중이 아주 거의 확정적이게 된다고 주장했다.6 본질적으로 모든 경제학자는 지금 동의한다.

사실상, 본질적으로 모든 경제학자는 지금 항상 소득 가설이나 어떤 가까운 변종을 아주 거의 자명해서 그것이 발견될 필요가 있었던 때를 상상하기 어려운 것으로서 본다.7 그러나 그러한 시절이 있었다. 프리드먼 이전에, 로즈 디렉터(Rose Director) (후에 로즈 디렉터 프리드먼), 도로시 브래디(Dorothy Brady), 그리고 비범한 마거릿 리드(Margaret Reid)를 포함하여, 일련의 탁월한 경제학자는 가구 지출 자료의 분석과 해석을 위한 필수 불가결한 기법들을 개발했고, 프리드먼은 그런 선구자들에 대한 자기의 빚을 항상 정중하게 인정했다. 그러나 그는 항상 소득 경제 이론들을 마음속에 그린 첫 번째 사람이었고, 그 가설을 자료의 꼼꼼한 분석과 대조한 첫 번째 사람이었으며, 그것의 정책 함의들을 알아내려고 애쓴 첫 번째 사람이었고, 그것이 어떻게 자기 선배들의 연구를 보완하고, 확대하며, 때때로 대신하는지를 설명함으로써 그것을 적합한 역사적 맥락에 넣은 첫 번째 사람

---

6 이런 종류의 실증 전략은 프리드먼을 상징하는 특징이었다. 통계적 유의성의 전통적인 검증들에 의지하는 대신에, 프리드먼은 대체로 자기의 가설들을 대단히 많은 다양한 관찰 결과를 설명하는 그것들의 능력으로 판단하기를 선호했다. 자기가 경제학으로 전환하기 전에 이론 통계학자로서 이름을 날린 프리드먼은 전통적인 검증들의 결점들을 예리하게 알고 있었다.
7 훌륭한 과학에 대해 항상 그렇듯이, 차후의 연구자들이 프리드먼의 여러 가지 변종을 제안했고 훌륭하게 주장했지만, 본질적으로 소비 행동에 관한 모든 현대 연구는 그의 접근법에 뿌리를 두고 있다.

이었다. 노벨상 위원회가 프리드먼을 선정하게 된 [프리드먼의] 업적들을 열거했을 때, 항상 소득 가설은 그 목록의 첫 번째였다.

2 화폐, 가격들, 그리고 인플레이션

노벨상 수상 경제학자 로버트 솔로(Robert Solo)는 "모든 것이 밀턴에게 화폐 공급을 생각나게 한다,"1고 한때 말했다. 밀턴 프리드먼이 화폐 공급에 평생 매료되어, 학문적 사고와 실제 정책 결정 양쪽 다를 깊이 바꾼 통찰들에 이르렀다는 점은 확실히 사실이다.

실제로, 프리드먼의 분석은 공급과 반대로 시장의 다른 측면—화폐 수요—에서 시작된다. 무심한 독자에게는, "화폐 수요(demand for money)"를 연구한다는 생각은 터무니없는 것으로 들릴지 모른다. 우리는 모두 우리가 얻을 수 있는 한 많은 돈을 원하지 않는가? 그것이 그 문제에 관해 이야기할 전부가 아닌가?

대답은, 물론 아니다, 이다. 우리는 모두 우리가 얻을 수 있는 한 많은 *부*(wealth)를 가지고 싶지만, 부는 화폐와 같은 것이 아니다. 빌 게이츠는 확실히 나보다 더 부유하고, 나는 그가 더 큰 집과 더 큰 주식 포트폴리오를 가지고 있다고 확신하지만, 나는 우리 중 어느 쪽이 더 많은 *화폐*(money)를 가지고 있는지 확신하지 못하는데, 후자로 나는 우리 호주머니에 있는 채색된 종잇조각들 더하기 우리의 은행 잔고들을 의미한다.2

---

1 솔로는 "모든 것이 나에게 섹스를 생각나게 하지만, 내가 그것을 나의 논문들 안에 들이지 않는다,"고 계속해서 말했다.
2 화폐로 보는 은행 잔고들과 그렇지 않은 은행 잔고들 사이 경계선을 정확하게 어디에 그을지는 옥신각신할 여지가 있다. 당좌 예금 잔고는 확실히 [화폐로] 보

보통 북미인과 같이, 나는, 아주 대충, 약 10주의 소득을 화폐 형태로 보유한다. (이것 대부분은 내가 수표를 쓰거나 나의 현금 카드를 사용함으로써 접근할 수 있는 은행 잔고들의 형태로이다.) 조금의 요술로—어떤 다른 자산들을 싸게 팔아 치우거나, 장기 저축 예금에서 인출하거나, 은행 대출을 하거나, 더 많은 현금을 비축하거나 하여—나는 상당히 더 많이 가질 수 있을 것이다. 그러나 나는 내가 가진 돈에 만족한다.

왜 10주의 소득이고, 8주나 12주가 아닌가? 왜냐하면 나는, 직장에서 집으로 오는 도중에 먹는 햄버거에서부터 긴급 배관 수리에 이르기까지, 내가 예상하지 못한 구매를 할 수 있도록 준비가 되어 있는 것이 좋기 때문이다. 만약 나의 지붕 홈통 고치는 친구가 신용 카드를 받기 시작하면, 나는 돈을 덜 보유하기로 결심할지 모른다. 만약 내가 길거리 범죄가 증가하고 있다고 듣는다면, 나는 더 적은 현금을, 그리고 따라서 더 적은 총화폐를, 보유하기로 결심할지 모른다. 만약 나의 은행이 양도성 예금 증서에 더 높은 이자율을 제의하기 시작하면, 나는 나의 화폐를 약간 포기함으로써 그것을 이용하기를 원할지 모른다. 그러나 *어떤 것*이 변하지 않는다면, 나는 계속해서 약 10주의 소득을 화폐의 형태로 보유하기를 원할 것 같다.

그것이[화폐 수요가] 방해가 안 되는 곳에서는, 우리는 우리의 관심을 화폐의 *공급*으로 돌릴 수 있다. 화폐는 은행 제도와 화폐 당국(예, 미국에서 연방 준비 제도, 캐나다에서 캐나다 은행, 그리고 영국에서 잉글랜드 은행)에 의해 복잡한 방식들로 공급되는데, 그 세부 사항들

아야 한다. 위약금을 물지 않고는 바로 인출될 수 없는 양도성 예금 증서의 잔고는 아마도 [화폐로] 보아서는 안 될 것이다. 기본적인 생각은 화폐란 당신이 구매하는 데 즉각 아주 쉽게 사용할 수 있는 자산이라는 것이다.

은 여기서 그리 중요하지 않다. 그래서, 어느 특정 월요일 아침 현재, 대중이 집합적으로 총 1백만 달러를 보유하는 단순한 세계를 상상해 보자. 월요일 오후에 1백만 달러 가치의 종이 집게들(paper clips)을 사기로 줄곧 계획해 오고 있는 정부는 (말하자면, 세입이나 차입 자금을 사용하는 것과는 대조적으로) 새로이 인쇄된 화폐로 그 종이 집게들의 대금을 치르는 결정을 한다.

우리는 무엇이 일어날 것으로 예상할까? 월요일 오후 현재, 종이 집게들을 파는 사람들은 그들이 오늘 아침 보유했던 것보다 더 많은 화폐를 보유하고 있다. 사실상 총 화폐 공급은 두 배로 되었고, 그래서 만약 우리가 이것을 전 주민에 걸쳐 균분한다면, 보통의 사람(그녀를 앨리스라 부르자)은 지금은 그녀가 오늘 아침에 보유했던 것의 두 배만큼 많이 보유하고 있다.3 그러나 *그것은 그녀가 원하는 것을 넘는다*. 만약 그녀가 이렇게 많은 화폐를 원하면, 그녀는 (아마도 자기 봉급 중 자기의 퇴직 예금 계좌 대신 자기의 당좌 예금에다가 조금 더 많이 예금함으로써) 애초부터 그것을 마련했었을 것이다.

그래서 앨리스는, 자기가 어떻게 이 초과 화폐를 제거할 것인가? 라는 한 문제를 가지고 있다. 그것을 폐기하는 것은 유난히 나쁜 생각인 것 같다. 어쩌면 그녀는 생각을 자기 이웃 보브로 돌려, 그를 설득해서 자기 달러 중 하나를 빌리게 할 것이다. 그러나 그렇게 되면 보브는 제거할 여분의 달러를 가진다. 어쩌면 그녀는 은행에 가서 양도성 예금 증서를 살 것이다. 그러나 그렇게 되면 그녀의 은행원, 캐럴은 자기가[캐럴이] 자기의 금고실에 넣어 두기를 원하는 것보다 더 많

---

3 "더 많은 화폐를 보유하는 것"은 당신의 호주머니에 더 많은 현금을 가지는 것을 의미할 수 있든지, 아니면 그것은 더 많은 당좌 예금 잔고를 가지는 것을 의미할 수 있다.

은 화폐를 가질 것이다. 화폐가 어디로 가건 상관없이, 보통의 사람은 여전히 자기가 오늘 아침에 가졌던 것의 두 배만큼 많은 화폐를 가지고, 여전히 그것을 제거하려고 노력하고 있다.

화폐를 제거하는 다른 방식은 그것을 쓰는 것이다. 그래서 조만간 앨리스는 (혹은 어떤 다른 사람은) 여분의 햄버거나 여분의 이발이나 더 값비싼 스웨터를 사기로 결심한다―혹은 어쩌면 그녀는 자기가 다음 해까지로 미루기로 계획해 왔던 지붕 홈통 수리의 일정을 잡을 것이다. 이것은 햄버거, 이발, 스웨터, 그리고 주택 보수 관리의 가격들을, 말하자면, 10퍼센트만큼 다투어 올린다. 가격들이 더 높기 때문에, 사람들은 이제 그들이 오늘 아침 보유했던 것보다 10퍼센트 더 많은 화폐를 기꺼이 보유한다. 불행하게도, 떠다니는 화폐의 총액은 10퍼센트가 아니라 100퍼센트 올라갔다. 그래서 그 과정은 가격들이 완전히 100퍼센트만큼 다투어 오를 때까지 계속된다. 이제 사람들은 모든 초과 화폐를 보유하기를 원하고 그 과정은 멈춘다.4 핵심:

만약 당신이 화폐 공급을 두 배 (혹은 세 배 혹은 네 배)로 하면, 가격들은 두 배 (혹은 세 배 혹은 네 배)로 될 것이다.

그 과정은 시간이 좀 걸릴지 모르고, 도중에 약간의 흥미로운 일이

---

4 간단히 말하면: 사람들은 물건들을 삼으로써 화폐를 제거하려고 노력하고, 이것은 사람들이 결국 여분의 화폐를 기꺼이 보유할 때까지 가격들을 올린다. 당신은 우리가 왜 다른 이야기를 할 수 없는지 궁금해할지 모른다. 어쩌면 사람들은 화폐를 빌려줌으로써 그것을 제거하려고 노력할 것인데, 이것은 사람들이 결국 여분의 화폐를 기꺼이 보유할 때까지 이자율을 내린다. (이자율이 낮을 때, ―양도성 예금 증서와 같은―화폐에 대한 대안들이 덜 매력적임을 기억하라.) 그 이야기에 대한 문제는 그것이 경제 이론에 저촉된다는 점인데, 경제 이론은 우리에게 이자율이 현재와 미래의 재화들과 서비스들의 공급과 수요로 완전히 결정되어야 하고, 그것이 화폐의 공급과 수요에서 변화들로 영향을 받을 여지를 남겨 두지 않는다고 이야기한다.

일어날 수 있다. (우리는 다음 몇 장에서 이것에 관해 이야기할 것이 훨씬 더 많이 있을 것이다.)

조금만 숙고해 보면 다소 더 심오한 교훈이 드러날 것이다:

(이런 혹은 저런 특정 재화의 가격에서의 증가와 대조적으로) 일반 물가 수준에서의 급등은 *항상* 사람들이 화폐를 제거하려고 노력하는 것으로 야기된다.

사람들이 왜 화폐를 제거하기를 원할까? 우리는 이미 몇몇 이유—사람들이 자기들이 보유하기를 원하는 것보다 더 많이 가지게 되는, 더 넓은 신용 카드 수용, 길거리 범죄의 증가, 이자율의 상승, 혹은 화폐 공급의 증가—를 열거했다.

❧ ❧ ❧ ❧ ❧ ❧

그것은 드문 현상, 즉 물가 수준의 한 번만의 급등에 관한 훌륭한 분석이다. 훨씬 더 흔한 현상은 인플레이션, 즉 상당한 기간에 걸쳐 물가 수준에서의 한결같고 지속적인 상승이다.

무엇이 인플레이션을 일으키는가? 우리의 교훈이 일반화된다: 인플레이션은 항상 사람들이 화폐를, 모두 동시가 아니라, 상당한 기간에 걸쳐 한결같이 제거하려고 노력하는 것에 의해 야기된다.

그리고 그것은 왜 일어날까? 원칙상, 만약 한결같은 신용 카드 수락 증가, 한결같은 길거리 범죄 증가, 혹은 한결같은 이자율 증가가 있으면 그것이 일어날 수 있을 것이다. 그러나 이 요인 각각은 우리가 현실 세계에서 경험하는 인플레이션율들과 인플레이션의 장기간들을 설명하는 데 아주 부적절한 것 같다. 그것은 단지 한 범죄자, 즉 한결같은 화폐 공급 증가만 남겨둔다.

이것은 "인플레이션이란 항상 그리고 모든 곳에서 화폐 현상이다(Inflation is always and everywhere a monetary phenomenon),"라는 밀턴 프리드먼의 유명한 선언에 이르렀던 분석이다.

프리드먼 이전에, 이것은 논쟁적이었다. 그 암흑시대에, 누구든 자주 "비용 인상 인플레이션(cost-push inflation)"의 이야기를 들었는데, 거기서는, 말하자면, 근로자들로부터 임금 요구 증가는 소비재들에 대한 가격 상승에 이르고, 이것은 근로들로부터 임금 요구 증가에 이르며, 기타 등등으로 악순환한다. 프리드먼은 이런 피상적으로 그럴듯한 이야기가 타당하지 않다고 강력하게 주장—했고 대부분 경제학자를 성공적으로 설득—했다. 이런저런 방식으로, 화폐 수요량은 화폐 공급량과 같아야 한다. 가격들은 그 균형에 도달될 때까지 조정되어야 한다. 이것은 그 밖에 어떤 것도 물가 수준에 영향을 미칠 여지를 남겨두지 않는다.

❧ ❧ ❧ ❧ ❧ ❧

다음의 명백한 질문은, 우리가 우선 왜 물가 수준과 인플레이션을 걱정해야 하는가, 그리고 화폐 당국이 무슨 결과들을 목표로 삼고 있어야 하는가? 이다. 그것은 프리드먼이 다음에 자기 관심을 돌렸던 곳인데, 우리도 그렇게 할 것이다.

3 화폐 정책

물가 수준이 어떻게 결정되는지 우리가 논했으므로, 되돌아가서 애초부터 우리가 왜 물가 수준을 걱정해야 하는지 질문해 보자. 만약 화폐 공급이 두 배로 되고, (임금을 포함해서) 모든 가격이 대응해서 두 배로 된다면, 중요한 어떤 것이 실제로 변했는가?

  아마도 아닐 것이다. 5달러 비용이 드는 대신에, 햄버거 하나는 이제 10달러가 들 것이다. 앨리스는 자기가 어제 5달러 햄버거를 벌기 위해 일했던 것과 똑같이 많은 시간을 오늘 그 10달러 햄버거를 벌기 위해 일해야 한다. 자기 호주머니에 (다섯 개 햄버거를 사기에 충분한) 25달러를 휴대하는 대신에, 그녀는—여전히 다섯 개 햄버거를 사기에 충분한—50달러를 휴대할 것이다. 자기의 당좌 예금에 1,000달러를 간직하는 대신에, 그녀는 2,000달러—그녀가 항상 간직했던 자기 소득의 똑같은 비율—를 간직할 것이다.

  당신은 빌리는 사람들과 빌려주는 사람들에 대한 효과를 걱정할지 모른다: 만약 앨리스가 처음 보브에게 10달러 (두 개의 햄버거 가격) 빚이 있다면, 물가 수준이 두 배로 된 후에, 그녀는 단지 한 개의 햄버거만 사는, 가치가 떨어진 10달러로 그에게 갚아주게 된다. 그것은 그녀를 더 부유하게 하고 그를 더 가난하게 한다. 그러나 그것은 앨리스와 보브가 가격 변화를 예상하지 못하는 경우에만 쟁점이다. 만약 보브가 가격들이 때때로 급등하는 세계에 자기가 살고 있다고 알고 있다면, 그는 항상 자동 조정 조항들을 가진 대부 계약들을 고집할 수 있고, 그래서 앨리스는 항상 두 개의 햄버거를 살 충분한 달러를 갚도록 요구되는데, 그 달러 수가 무엇이건 그렇다.

그리고 설사 보브의 예견이 그의 기대를 어기고, 그래서 그 조항을 포함하지 못하여 물가 수준이 두 배로 될 때 큰 손실을 본다고 할지라도, 그것은 경제학자들이 보통 그리 많이 걱정하는 종류의 손실이 아니다. 그것은 보브의 손실이 앨리스의 이득이고, 그래서 *전반적으로* (앨리스와 보브를 포함하는) 대중이 이전보다 더 낫지도 더 못하지도 않기 때문이다.

그래서 물가 수준에서 한 차례 급등은, 적어도 매우 근사(近似)하게, 걱정할 아무것도 아니다. 당신은 인플레이션도 역시 걱정할 아무것도 아니라고 결론짓고 싶어질지 모른다. 결국, 인플레이션은 그저 계속 진행 중인 일련의 물가 수준 급등일 뿐이야, 그렇지?

그렇지 않다! 이것을 처음부터 다시 충분히 생각해 보자.

월요일 아침, 보통 시민 앨리스는 자기의 지갑과 자기의 당좌 예금에 10주의 소득을 보유하고 있다.

월요일 정오에, 화폐 공급은 두 배로 되고, 이제 앨리스는 20주의 소득을 보유한다.[1] 그러나 그녀는 단지 10주의 소득만 보유하기를 원하는데, 그러므로 물건들을 삼으로써 화폐를 제거하려고 노력한다. 결국 가격들은 오늘 아침 수준의 두 배로 다투어 올려지고, 앨리스는 이제 새 화폐의 자기 몫을 기꺼이 보유하는데, 그것은 10주의 소득—내내 그녀의 목표—과 같다.

---

[1] 여분의 화폐는 어디에서 생겼는가? 어쩌면 그녀는 많은 종이 집게를 정부에 팔았을 것이다. 혹은 어쩌면 그녀는 자기의 중고 소파를 보브에게 팔았을 것인데, 보브는 자기가 다수의 종이 집게를 판 후 화폐를 제거하려고 꾀하고 있었다.

이제 이야기를 비틀어 보자: 월요일 정오에, 정부는 화폐 공급을 두 배로 하고 *매일 정오에 그것을 다시 두 배로 하는 계획들을 선언한다.* 그 결과, 앨리스는, 앞으로, 자기가, 10주가 아니라, 단지 8주의 소득만 보유하기를 원한다. 왜? 왜냐하면 그녀는 지금 계속 진행 중인 인플레이션을 예상하기—이것은 그녀가 자기의 호주머니와 자기의 당좌 예금에 들어 있는 화폐가 하룻밤 사이에 가치를 잃을 것으로 예상한다는 점을 의미한다—때문이다. 그 전망은 화폐를 보유하는 것을 덜 매력적이게 한다.

그래서 월요일 오후에, 앨리스는 (많은 다른 사람과 더불어) 물건들을 삼으로써 화폐를 제거하려고 노력한다. 결국, 가격들은 오늘 아침 수준의 두 배로 다투어 올려져서, 앨리스가 10주의 소득을 보유한 상태로 되게 하는데, *이것은 여전히 그녀가 원하는 것[8주의 소득]보다 더 많다.* 그러므로 그녀는 계속해서 물건들을 사려고 노력하여, 가격들을 *더욱더* 올린다. 만약 화폐 공급이 월요일에 두 배로 되고, 추가적인 증가들이 화요일, 수요일, 목요일 그리고 금요일에 뒤따를 것으로 예상된다면, 물가 수준은 월요일에 두 배를 *넘음*이 틀림없다.

더욱 간결하게: *하나의 인플레이션의 내습 중 어떤 시점에, 물가 수준은 화폐 공급보다 더 빨리 상승함이 틀림없다.* 프리드먼은 이 현상을 *오버슈팅*(overshooting)이라 불렀지만, 그것은 불행한 어휘 선택이었을지 모르는데, 왜냐하면 그것은 어떤 사람이 실수를 저질렀거나 과녁을 놓쳤다는 점을 암시하는 것 같기 때문이다. 그런 종류의 어떤 것도 사실이 아니다. 앨리스는 자기의 화폐 보유고의 실질 가치—그녀의 호주머니 잔돈이 살 수 있는 햄버거의 수와 그녀의 당좌 예금 잔고가 부담할 수 있는 주택 수선의 수—를 줄이기를 *원하고,* 그날이 끝

날 때까지는 그녀는 바로 그것을 했다.

불행하게도, 앨리스의 삶은 정말 조금 더 나빠지게 되었다. 다섯 개 햄버거를 살 만큼 충분한 현금을 자기 호주머니에 가지고 있는 대신, 그녀는 네 개를 살 만큼 충분히 가지고 있는데, 이것은 그녀가 왕성한 식욕을 가지는 가끔의 날에 골칫거리가 될 것이다. 자기의 당좌 예금에 10주의 소득을 가지는 대신에, 그녀는 8주의 소득을 가진다―이것은 그녀가 가끔 초과 인출을 피하고자 구매를 연기해야 할 것이라는 점을 의미한다. 앨리스에 대한 그 손실은 그 밖에 어떤 사람에 대한 어떤 이득으로도 상쇄되지 않는다―그리고 그것은 경제학자들이 걱정하는 종류의 손실이다.

그것은 아주 작은 손실일지 모르지만, 많은 다른 사람이 물론 비슷한 방식으로 고통을 겪고 있고, 어떤 사람들은 다른 사람들보다 더 그러하다. 작은 상점을 경영하는 보브는, 이 새로운 인플레이션 시기에는, 자기의 금전 등록기에 있는 현금이 사용되지 않음에 따라 그것이 가치를 잃고 있다는 점을 알아차리고, 그래서 자기가 항상 했듯이 20개 햄버거 가치의 현금을 금전 등록기에 간직하는 대신에, 그는 이제 단지 (말하자면) 16개 햄버거 가치만 간직한다. 이제 그는 거스름돈이 조금 더 자주 모자라게 되어, 소수의 추가 고객을 화나게 한다.

만약 그것이 여전히 작은 것 같으면, 그 이유는, 적어도 인플레이션율이 낮을 때는, 그것이 작기 때문이다. 더 높은 인플레이션율들에서는, 사람들은 화폐를 아주 적게 보유하여 그들의 삶이 실질적으로 붕괴된다. 경제학자 존 메이너드 케인스는 1920년대의 인플레이션 동안 독일에 있었는데, 그때 가격들이 아주 빠르게 상승하고 있어서 한밤중에 산 맥주는 오후 9시에 산 맥주보다 상당히 더 비쌌다. 그가 밤

(해가 진 뒤부터 잘 때까지) 동안 자기가 세 병의 맥주를 원할 것이라고 생각했을 때, 그는 그것들 모두를 가능한 한 빨리 샀고 그것들을 천천히 마셨다 (케인스가, 앨리스처럼, 물건들을 삼으로써 돈을 제거하려고 노력하고 있었다는 점을 주목하라). 평생, 케인스는 독일을 자기가 따뜻한 맥주를 많이 마셨던 곳으로 기억했다.

더욱 극단적인 예에 대해서는, 가격들이, 평균적으로, 매달 약 100배만큼 증가하고 있었던 제2차 세계 대전 후의 헝가리 인플레이션을 고찰해 보자. 1월 1일에 10센트, 2월 1일에 10달러, 3월 1일에 1,000달러, 4월 1일에 100,000달러, 5월 1일에 1,000만 달러, 6월 1일에 10억 달러, 7월 1일에 1,000억 달러, 그리고 8월 1일에 10조 달러의 비용이 드는 커피 한 잔을 상상해 보자. 물론, 당신의 봉급을 그것이 자기의 거의 전 가치를 잃기 전에 즉각 지출하는 것은 필수적이었는데, 이것은 전형적인 가족에서 한 배우자가 일하고 다른 배우자가, [봉급 지급] 수표들을 받아오고, 화폐를 지출하며, 다음 [봉급 지급] 수표에 때를 맞춰 시급히 일터로 돌아가면서, 일터에서 상점들로 왔다 갔다 달렸다는 점을 의미한다.

그래서 많은 것과 같이, 소량의 인플레이션은 조금 나쁘고 더 많은 인플레이션은 극도로 나쁘다. 그러나 당신이 참을 필요가 없는 무슨 악이든 왜 참는가? 최상의 시나리오는 전혀 인플레이션이 없는 것—이고 그 시나리오를 달성하는 비법은 0의 화폐 공급 증가—이다.

사실상, 왜 더 나아가지 않는가? 만약 앨리스가 10주의 소득을 화폐의 형태로 보유하는 것을 즐긴다면, 아마도 그녀는 12주의 소득을 보유하면 더욱더 행복할 것이다. 아마도 그녀는 그 방향으로 팔꿈치로 슬쩍 찌르기(nudge)를 약간 사용할 수 있을 것이다. 우리는 그 팔꿈치로 슬쩍 찌르기를 *음의*(negative) 인플레이션율 (또한 *디플레이션*(deflation)이라고도 불린다)을 가지고 제공할 수 있을 것인데, 이것으로 앨리스의 호주머니에 있는 화폐가 시간이 지나면 가치가 증가하고, 그래서 그녀가 그것을 더 많이 보유하도록 부추겨진다.

잠깐만! 만약 약간 여분의 화폐를 보유하는 것이 앨리스를 조금 더 기쁘게 한다면, 그녀는 왜 팔꿈치로 슬쩍 찌르기가 필요한가? 그 대답은 앨리스가 더 많은 화폐를 보유하기로—그래서 화폐를 덜 지출하기로—결정할 때 그녀가 물가 수준을 억제하는 것을 돕고 있고, 이것이 그녀뿐만 아니라 보브, 캐럴, 데이비드, 이블린, 그리고 셀 수 없이 많은 다른 사람에게도 이익이 된다는 점이다. 그리고 만약 그들이 그 다음에 더 많은 화폐를 보유하면, 앨리스는 이익을 함께 나눈다. 그 결과, 만약 모든 사람이 팔꿈치로 슬쩍 찌르기를 약간 얻으면, 모든 사람이 더 나아질 수 있다. 그래서 프리드먼은 한결같은 화폐 공급 *감소*에 따라 움직이는 음의 인플레이션율을 심사숙고하게 되었다. (정부는, 예를 들어, 현금으로 몇몇 세금을 수금하여 수입의 10퍼센트를 태워 없앨 수 있다.)

반면에, 화폐 공급 증가는 몇몇 이점이 있다. 만약 정부가 종이 집게들에 대해 새로 주조된 화폐를 가지고 대금을 치른다면, 그것은[정부는] 종이 집게들에 대해 (말하자면) 커피에 과세함으로써 대금을 치를 필요가 없는데, 그것은 커피를 사거나 파는 모든 사람에게 좋다. 이런 요소와 기타 요소들을 비교 고량(考量)한 후에, 프리드먼은 결국 1년에 약 2퍼센트 정도와 비슷한, 작지만 양(陽)의, 인플레이션율을 보증했지만, 1년에 2퍼센트가 정치적으로 실행 불가능할 것 같다고 믿고서, 자신이 5퍼센트 정도까지 많이 완전히 기꺼이 참고 수용한다

고 선언했다.[2]

 그러나 우리는 또 하나의 집합의 쟁점들을 무시해 오고 있다. 우리의 이야기에서, 화폐 공급이 증가하고, 그다음 앨리스와 보브가 여분의 화폐를 지출하려고 노력하며, 그다음 가격들이 올라간다. 장기에서는, 그것은 실제로 중요한 전부다. 그러나 단기에서는, 가격 적응들이 간헐적으로 발생하는데, 이것은 큰 영향을 미칠 수 있다. 우리는 다음에 그것들에 주의를 돌릴 것이다.

---

[2] 미국에서 인플레이션율은 1980년에 거의 14퍼센트에서 그리고 캐나다에서는 1981년에 거의 13퍼센트에서 절정에 달했다. 프리드먼은 지난 10년에 걸쳐 인플레이션율이 좀체 2퍼센트 위로 상승하지 않았다는 점—대개 당국이 프리드먼의 처방들을 명심했기 때문이다—을 알고서 놀랄 뿐만 아니라 기뻐했을지도 모른다.

4 화폐 역사

화폐 수량설(quantity theory of money)—즉, 가격들이 화폐 공급과 나란히 움직이는 경향이 있다는 관념을 둘러싼 생각들의 전 계통—은 15세기 천문학자 니콜라우스 코페르니쿠스(Nicolaus Copernicus)로 거슬러 올라가는 긴 역사가 있다. 1930년대 초기 대공황의 내습 후에, 새 세대의 "케인스학파(Keynesian)" 경제학자들은 대개 수량설을 거부하였고, 종종, 사람들이 자기들이 얼마나 많은 화폐를 보유할지에 관해 강한 안정적 선호를 가지고 있지 않다고 주장하였다.[1] 그러므로, 당국이 새 화폐를 체계에 주입할 때, 가격들을 다투어 올리지 않고, 사람들은 그저 그것을 보유할 뿐일지 모른다고, 케인스학파 학자들은 말했다.

1930년대와 1940년대 내내, 소수의 경제학자, 특히 시카고 대학교의 헨리 사이먼스(Henry Simons)와 로이드 민츠(Lloyd Mints)는 수량설의 화톳불을 돌보았다. 밀턴 프리드먼이 1950년대에 논쟁에 가담했을 때, 그는 때때로 자신을 자기의 저명한 선배들이 전달한 횃불의 그저 수령인일 뿐이라고 묘사했다. 그러나 수량설의 프리드먼 형은 사실상 고도로 독창적이고, 훨씬 더 미묘하며, 더 통찰력 있고, 경

---

[1] 나는 *케인스학파*(Keynesian)라는 단어를 따옴표에 넣었고, 자칭 케인스학파 학자들인 경제학자들의 견해들을 서술하는 데 그것을 사용하였는데, 그들의 견해들이 존 메이너드 케인스 자신의 견해들에 얼마나 가깝게 일치하거나 일치하지 않는지의 미묘한 영역에 위험을 무릅쓰고 들어가지 않고서다.

험적 검증을 위해 더 잘 설계되어 있다는 점이 널리 인정되었다.

수량설의 증거는 프리드먼과 그의 공저자 애너 슈워츠(Anna Schwartz)가 쓴, 꼼꼼한 800페이지 ≪미국의 화폐 역사, 1857-1960 (Monetary History of the United States, 1857-1960)≫에서 대개 발견될 수 있다. 그 두 저자와 그들의 셀 수 없이 많은 연구 조교에 의한 15년의 연구의 산물, ≪화폐 역사≫는 즉각 현대의 고전 그리고 기념비적으로 중요한 작품으로서 인정받았다. 사실상, 형용사 "기념비적(monumental)"은 수십 개의 서평에서, "기념비적 일치성(monumental consistency)," "기념비적 시종일관성(monumental coherence)," 그리고 "기념비적 독창성(monumental ingenuity)"과 같은 구절들에서, 반복적으로 나타난다.

≪화폐 역사≫에서 경험적 연구 결과와 꼼꼼한 자료 분석은 그 당시 경제학 학문 분야를 지배했던 케인스학파 신념 구조에 지진으로서 다가왔다. 여기에 몇몇 중요한 점이 있다:

- 1960년에 끝나는 100년 기간에 걸쳐, 사람들이 화폐의 형태로 보유하기를 원하는 실질 구매력의 총액(예를 들어, "10주의 소득")에 놀랄 만한 안정성이 있었다. 실질 구매력의 수요는 그 세기 동안 정말 변하지만, 대개 점진적으로 그리고 예측 가능하게 변한다. 예를 들면, 항상 소득이 1퍼센트만큼 상승할 때, 사람들이 보유하기를 원하는 실질 구매력은 예측 가능하게 약 1.8퍼센트만큼 상승하는 경향이 있다. 대조적으로, 비항상 소득이 상승할 때, 사람들이 보유하기를 원하는 화폐의 총액에는 거의 변화가 없다. 이것은 사람들이 물건들을 사기 위해 화폐

를 보유한다고, 그리고 (우리가 제1장에서 보았듯이) 그들이 오직 자기들의 항상 소득이 상승할 때에만 더 많은 물건을 사기를 원한다고, 말하는 이론과 일치한다. 자료에서 이런 규칙성은 화폐의 수요가 변덕스럽고 본래 예측 불가능하다는 케인스학파 견해와 대비된다.

• 수요에서 그런 안정성 때문에, 화폐 공급에서 변화들은 사실상 수량설이 예측하는 물가 수준 변화들에 정말 이른다. 만약 당신이 사람들이 원하는 것보다 더 많은 화폐를 생산하면, 그들은 초과분을 제거하려고 노력할 것이고 가격들은 상승할 것이다. 케인스학파 학자들은 대개 이것을 부정했다. 프리드먼과 슈워츠는 그때까지의 증거가 수량설 편에 서 있다는 점을 보여 주었다.

• 새 화폐가 체계에 주입될 때, 가격들이 오르는 데는 시간이 좀 걸린다. 앨리스는 종이 집게를 정부에 팔고, 그리하여 새로 인쇄된 5달러 지폐를 얻으며, 그것을 제거하기를 원하고, 물건들을 사려고 노력하며, 가격들을 다투어 올린다―그러나 그 과정은 시간이 걸리는데, 때로는 2년까지 걸린다. 그동안, 특히 만약 경기 후퇴가 공교롭게도 진행 중이라면, 앨리스의 재화 수요 증가는 기업들이 더 많은 재화를 생산하도록 자극한다. (경기 후퇴가 없으면, 기업들은 우선 자기들의 최고 생산 능력 가까이 있을 것 같고, 그래서 생산 증가 대신에, 당신은 가속화된 가격 증가를 얻는 경향이 있다.)

• 그러므로, 화폐 공급의 증가는 (때때로 많은 달의 시차 후에) 전형적으로 경제 활동의 증가에 이르고, (전형적으로 더욱 많

은 달의 시차 후에) 가격들의 상승과 옛날 활동 수준으로의 복귀가 이어진다. 다시 한번, 이것은 새 화폐가 종종 그저 보유될 뿐이고, 그래서 가격들이나 경제 활동에 영향이 거의 없다는 오래된 케인스학파 신념에 반한다.

그래서 당신은, 경기 후퇴기에는, 추가적인 화폐를 창출해서 경제가 다시 움직이게 하는 것이 훌륭한 아이디어라고 생각할지 모른다. 불행하게도, 그런 길고 가변적인 시차들은 이 수단을 이용하는 것을 본질적으로 불가능하게 한다. 당신의 화폐 충격이 열매를 맺기 시작할 때까지는, 경기 후퇴가 끝날 것 같고, 그 경우에 당신이 달성한 모두는 인플레이션의 분출이다.

이것으로부터, 프리드먼은 화폐 공급을 바꾸는 것이 경기 후퇴와 같은 단기 문제들에 대처하는 무기로서는 대개 비효과적이라고 (그리고 심지어 역효과를 낳는다고), 그러므로 정책 결정자들이 장기에 집중하는 것이 최선이라고 주장했다. 그리고 장기에서는, 우리가 앞의 두 장에서 보았듯이, 화폐 수량설은 낮고 한결같은 화폐 공급 증가율을 찬성하는 주장을 한다. 많은 경제학자가 부르듯이, 그것을 "프리드먼 규칙(Friedman rule)"이라고 부르자.

프리드먼 규칙이 위반될 때 무슨 일이 일어나는가? 우리는 1930년대에, 우리가 대공황이라고 기억하는 재난 동안에—실업률들이 세계의 많은 지역 여기저기에서 25퍼센트와 35퍼센트 사이에 걸침과 더불어—소득들이 극적으로 떨어지고, 많은 곳에서, (광업, 벌목, 그리고 건설을 포함하여) 전 산업이 거의 완전히 문을 닫는 것을 발견했다. 왜 그랬는가? 프리드먼과 슈워츠는 그 탓을 바로 미국 화폐 공급을 거의 1/3만큼 떨어지게 허용한 화폐 당국에 돌렸다. 이것이 적당하게 심한 경기 후퇴를 비극으로 바꾸었다고, 그들은 설득력 있게 주장했다.

아주 놀랍게도, 프리드먼과 슈워츠가 나타나기 전에는 *아무도 이것을 몰랐다*. 케인스학파 학자들(이번에는 케인스를 포함한다)은 1930년대 내내 화폐 공급이 대개 안정적이었다고 믿었고, 이것을 안정적인 화폐 공급이 경제적 재앙에 대비하는 데 효과가 없다는 증거로서 제시했다. 케인스학파 학자들에 따르면, 화폐가 창출되고 있었고, 사람들은 그저 그것을 보유하고 있었을 뿐이다.

그것은 그저 틀릴 뿐이었다. 확실히 일어났던 것은, 대개 당국이 막거나 대응하기 위해 한 일이 거의 없는 은행 도산들 때문에, 화폐 공급이 극적으로 축소되도록 허용되었다는 점이었다. ("화폐(money)"는 당좌 예금 잔고들을 포함하고, 당신의 은행원이 10,000달러 잔고를 가진 당좌 예금을 창출하는 몇 번의 키 치기(keystrokes)를 컴퓨터에—혹은, 1930년대에는, 몇 번의 펜 쓰기(pen strokes)를 원장에—입력함으로써 당신에게 10,000달러 대부금을 줄 때와 같이, 그 대부분은 은행들에 의해 창출된다. 은행들이 도산할 때, 그 잔고들은 사라진다.)

화폐가 사라질 때, 사람들은 그것을 더 많이 얻으려고 노력한다 (새로 화폐가 창출되고 사람들이 그것을 제거하려고 노력할 때 일어나는 것과 정반대다). 그들은 *물건들을 사지 않음*으로써 이것을 한다. 장기에는, 유일한 효과는 가격들의 하락이다. 그러나 단기에는, 효과는 경제 활동의 감소이다. 경제 활동에서 그 감소가 기존 경기 후퇴의 한가운데서 생길 때, 그리고 그것이 추가적인 은행 도산들과 그 위의 화폐 공급 감소들에 이를 때, 재난적인 단기는 여러 해 동안 계속될 수 있다.

그래서 경제 정책에 대해, 중요한 가지고 가는 음식(takeaway)은 이 역사가 되풀이되어서는 안 된다는 점이다. 대학교수들과 정책 결정자들은 이것을 아주 명심했다.

대개 프리드먼과 슈워츠가 고취한 정책들 덕분에, 북아메리카는 70년 기간 미증유의 경제 안정에 들어갔고, 많은 사람은 과거에 빈번했던 심각한 경기 후퇴들이 결코 되풀이되게 되어 있지 않다고 믿었다. 2002년에, 연방 준비 제도 이사회 의장 벤 버냉키(Ben Bernanke)는, 프리드먼의 90번째 생일 축하에서 연설하면서, 그 위대한 경제학자에게 직접 말을 걸고 말했다:

> 연방 준비 제도 이사회의 공식적인 대표 한 사람으로서 저의 지위를 약간 남용함으로써 저의 이야기를 끝내겠습니다. 저는 밀턴과 애너에게 말하고 싶습니다: 대공황에 관해. 당신이 옳습니다, 우리가 그렇게 했습니다. 우리 매우 죄송합니다. 그러나 당신들 덕분에, 우리는 다시 그렇게 하지 않을 것입니다.

아아, 그 낙관론은 2008년에 심각한 도전에 직면했는데, 그때 또 하나의 일련의 은행 도산이 경기 후퇴의 시기에 1930년대의 그것에 필적하는 재난을 일으킬 징후를 보였다. 사실상, 2008년 경기 후퇴의 초기들은 어느 모로 보나 대공황의 그것들만큼 심각하고 불길하였다. 그러나 버냉키의 약속에 어긋나지 않게, 당국은 화폐 공급을 떠받치는 적극적인 역할을 맡았다. 비록 뒤이은 경기 후퇴가 고통스러웠을지라도, 그것은 대공황의 단지 반만큼만 오래 지속되었고, (정점에서 저점으로의 산출량의 하락으로 측정했을 때) 단지 1/3만큼만 심각했다. 경제학자들은 ≪화폐 역사≫에서 배운 교훈들이 진정한 1930년대식 재앙의 재발을 막는 데 결정적인 역할을 했다고 대체로 인정한다.

물론, 연방 준비 은행 총재들이 2008년에 너무 적게 했는지 혹은 너무 많이 했는지에 관해, 그리고 그들이 그런 것들을 가능한 최선의 방식으로 했는지, 혹은 가능한 최악의 방법 중 하나로 했는지, 혹은 그 사이 어딘가에 있는 방법으로 했는지에 관해 많은 논쟁이 있다. 그러나 그들은 대공황의 실수들을 되풀이하지 않는 것이 자기들의 사명이라는 점을 명백히 이해했는데, 밀턴 프리드먼과 애너 슈워츠가 그런 실수들이 무엇이었는지를 발견하고, 기록하며, 세계에 설명하는 힘든 일을 했었기 때문에 그들은 그 사명을 완수할 수 있었다.

후기

화폐 환경은 1963년 이래로 많이 변했다. 우선 한 가지는, "화폐(money)"로 여겨지는 것을 결정하는 것이 훨씬 더 어려워졌다. 1963년에는, 자금을 당신의 저축 예금에서 인출하는 데 한 주일이 걸릴 수 있었다. 오늘날, 당신은 똑같은 인출을 한 번의 키 치기로 할지 모른다. 당신의 저축 예금이 1963년에 일종의 화폐였는가? 그것이 오늘날에는 그런가? 비트코인들(Bitcoins)에 관해서는 어떤가? 혹은 주택 순자산 한도의 신용 대출(home equity lines of credit)은? 이런 그리고 기타 혁신들은 우선 화폐를 정의하는 것을 더 어렵게 했을 뿐만 아니라, 그것들은—화폐에 대한 아주 많은 대안을 제공함으로써—화폐 수요를 그것이 프리드먼의 시대에 그랬던 것보다 덜 안정적이게 한 것 같기도 하다.

규제 환경도 역시 변했다. 1963년에는, 당좌 예금들에 이자를 지급하는 것은 불법이었다. 많은 주는 지점 은행업을 허가하지 않았고, 그래서 주어진 은행은 단지 하나의 물리적 소재지만 가질 수 있었으며, 당신은 인출하기 위해 그것을 방문하지 않으면 안 되었다. 규제들이 완화되었으므로, 사람들은 화폐를 사용할 새로운 방식들을 발견하였는데, 이것은 추가적인 수요 변동들에 이바지하였다.

그 결과, 화폐, 가격들, 그리고 경제 활동 사이의 장기 관계와 단기 관계는 그것들이 1963년에 그랬던 것과 같지 않다. 가장 현저하게, 화폐 공급이 2008년 위기 이래로 극적으로 상승했지만, 가격들은 이전의 수량설이 예측할 것대로 반응하지 않았다.[2]

따라서, 프리드먼의 많은 *목표*(goals)가 잘 간직되었지만, 그가 선호한 많은 *방법*(methods)은 소용없게 되었다. 예를 들면, 느리고, 한결같으며, 예측 가능한 인플레이션은 세계 곳곳의 화폐 당국에 의해 널리 수용되었다. 그러나 프리드먼의 방법—느리고, 한결같으며, 예측 가능한 화폐 공급 증가—은 그렇지 않았다. 그 방법은 프리드먼의 시대에는 타당했는데, 그때는 화폐 수요가 고도로 안정적인 것 같았다. 그것은 자동 청구서 납부들과 가상 화폐들의 시대에는 덜 타당한데, 이때는 화폐 수요는 더 변덕스럽게 되었고 화폐 공급은 통제하기 더 어렵게 되었다. 그러므로, 오늘날의 당국은 화폐 공급이 아니라 단기 이자율들을 통제함으로써 낮은 한결같은 인플레이션을 목표로 삼

---

[2] 이것은 수량설이 특히 (2008년 이후 해들 같이) 이자율들이 매우 낮은 때에는 실패할 것 같다는 케인스의 예측과 일치한다.

는 경향이 있는데, 목표 이자율은 관찰된 경제 상황에 대응해서 계속적으로 조정된다.3 그리고 프리드먼이 항상 마음속에 그렸던 것보다 훨씬 더 많이, 그들은 화폐 수요를 조종하려고 시도한다.4

피상적인 독서는, 자기들의 눈을 화폐 공급에서 뗌으로써, 당국이 프리드먼을 거부했다는 것이다. 더 깊은 독서는, 물가 수준의 증가를 통제하는 데 필요한 무슨 일이든 함으로써—그것을 점진적이고, 한결같으며, 예측 가능하게 유지함으로써—그들이 철두철미하게 프리드먼주의자(Friedmanites)로 드러났다는 것이다. 그들은, 적어도 대체로, 화폐가 장기적으로 가격들에 대해서 그리고 단기적으로 경제 활동에 대해서 대단히 중요하다는 주요 메시지를 소화했다. 프리드먼 이전에는 아무도 이것을 충분히 인식하지 못했다 (어떤 사람들이 그것을 낌새챘을지 모르지만, 그런 낌새들을 지지할 통계 분석은 이용 가능하지 않았다). 모든 사람이 이제 그것을 이해하는데, 그 지식은 지난 수십 년에 걸쳐 한 개를 넘는 재앙으로부터 우리를 구했다.

---

3 그러한 정책들은 일반적으로 테일러 규칙들(Taylor Rules)이라 불린다.
4 가장 중요하게: 당신이 당신의 은행에 당좌 예금을 가지고 있는 것과 똑같이, 당신의 은행은 연방 준비 은행에 당좌 예금을 가지고 있다. 그 당좌 예금에 대한 이자율을 조정함으로써, 연방 준비 은행은 당신의 은행가의 화폐 수요에 영향을 미칠 수 있다.

5 실업

1958년에, 경제학자 윌리엄 필립스(William Phillips)는, 높은 인플레이션의 시기가 낮은 실업의 시기이고, 그 역도 성립한다는, 강한 상관관계를 알아챘다. 다음 10년에 걸쳐, 그 상관관계는 강하게 유지되었다.

대부분 경제학자가 얻은 교훈은 정책 결정자들이 대체 관계에 직면한다는 것이었다: 만약 당신이 조금 더 많은 인플레이션을 기꺼이 참는다면 (그리고 심지어 공작한다면), 당신이 더 적은 실업을 가질 수 있다.

거의 광야에서 외치는 외로운 소리, 밀턴 프리드먼은 생각이 좀 달랐다. 그의 경력에서 처음이 아니게, 상관관계가 인과 관계와 같지 않다고 세계에 환기시키는 것은 프리드먼의 어깨에 걸렸다.

1967년 12월, 방금 미국 경제학회 회장 임기를 마쳤을 때, 밀턴 프리드먼은 필립스 상관관계를 재해석함으로써 현대 거시경제학을 근본적으로 재형성한 고별 연설을 했다. 그는, 본질적으로, 이런 이야기를 했다:

당신은, 당신의 최상의 일자리 제의가 한 주에 500달러이고, 자기 자차라리 더 나은 어떤 것을 계속해서 탐색하는 것이 더 낫겠다고 당신이 생각하기 때문에, 현재 실업인 목수라고 가정해 보자. 물론, 만약 모든 가격과 임금이 두 배로 되게 되어 있다면, 당신은 한 주에

1,000달러를 제의받을 것이지만, 당신은 여전히 그것을 잡지 않을 것인데, 왜냐하면 당신의 일자리 제의의 *실질* 가치가 바뀌지 않았기 때문이다.

그러나 이야기를 약간 비틀어 보자. 당신이 자고 있던 전날 밤에 가격들이 두 배로 된다. 아침에, 당신은 어느 고용주가 당신에게 한 주에 1,000달러를 제의하는 전화로 잠을 깬다. 당신은 아주 기뻐하는데, 왜냐하면 당신은 모든 가격이 상승했다는 점을 *아직 모르기* 때문이다. 당신은 일자리를 받아들인다. 며칠 후, 당신은 식료품점을 방문하고, 이 주의 1,000달러가 지난주의 500달러보다 더 멀리 가지 않는다는 잔인한 진상을 발견하며, 당신의 사직서를 제출한다.

명백히 그 이야기는 고도로 양식화되어 있지만, 가격들이 오르고 있고, 근로자들이 그 변화들을 충분히 알지 못하며, 임금 제의들이 실제보다 더 나아 보이기 시작하여, 어떤 사람들을 속여서 그들이 진정으로 원하지 않는 일자리를 잡게 하는, 적어도 자기들이 속았다는 것을 알 때까지는 그렇게 하는, 현실적인 판을 상상하기는 그리 어렵지 않다.

똑같은 이야기가 고용주 쪽에서도 작용한다. 당신은 자전거 제조업자이고, 자전거들을 각각 200달러에 판다. 만약 모든 가격과 모든 임금이 두 배로 된다면, 당신은 전과 같이 계속하여, 그것들을 각각 400달러에 팔 것이다. 물론, 당신이 잠자는 동안 배증(倍增)이 일어나고, 당신이 다음 날 아침 자전거 가격이 두 배로 되었다는 뉴스에 잠을 깨며, 당신이 자전거 수요가 우후죽순처럼 늘어났음이 틀림없다고 믿게 되고, 그다음에 당신이, 적어도 잠깐, 당신의 공장을 확대하면서 더 많은 금속 노동자를 고용하는 일이 일어나지 않을 때의 이야기지만.

물론, 결국, 당신은 당신의 공장 확대가 경솔하였다는 점과 당신이 그런 여분의 근로자를 아주 오래 필요로 하고 있지 않을지 모른다는 점을 깨달을 것이다.

만약 이 이야기와 같은 어떤 것이 정확하다면, 교훈들은 이런 것들이다:

- *예상된* 인플레이션 변화들은 고용에 아무런 영향을 끼치지 않는다.
- 예상되지 않은 인플레이션 증가는 일시적인 고용 증가를 일으킬 수 있―지만 영구적인 고용 증가는 아니―다.
- 일련의 예상되지 않은 인플레이션 증가가 있을 때, (필립스라고 이름 지어진 경제학자들을 포함하여) 경제학자들은 이 증가들이 고용과 상관관계가 있다고 알아차릴지 모르지만, 오직 그 인플레이션이 계속해서 예상되지 않는 한만 그 상관관계가 존속할 것이라는 점을 깨닫지 못할지 모른다.
- 그럼에도 실업을 줄이는 데 인플레이션을 사용하기를 원하는 정책 결정자는 *예상되는 것보다 더 높은* 인플레이션을 공작해야 한다. 이것은 매우 오랫동안 달성하기는 어렵다. 만약 가격들이 1월, 2월, 그리고 3월 각각에 10퍼센트만큼 상승한다면, 사람들은 그것들이 4월에도 10퍼센트만큼 상승할 것으로 예상할 것이다. 그래서 만약 내가 실업을 억제하기를 원한다면, 나는 4월에는 12퍼센트 인플레이션율, 그리고 그다음 5월에는 14퍼센트를 공작할 필요가 있을지―이로 인해 사람들은 6월에는 16퍼센트를 예상할지―모른다. 이제 나는 예상치 못하게

6월에는 18퍼센트를 노리고, 이런 식으로 광기가 있다.
- 그런 의미에서, 실업을 완화하는 데 인플레이션을 사용하는 것은 고통을 완화하는 데 마약을 사용하는 것과 아주 같다. 당신이 자신을 기분 좋게 하기 위해 오늘 더 많이 사용할수록, 당신은 그저 안정된 채로 있기만을 위해서라도 내일 더 많이 사용해야 한다.
- 예상되지 않은 인플레이션이 일으키는 일시적인 실업 감소들조차도 *좋은 것이 아니다.* 만약 내가 당신을 속여 속임수가 없었으면 당신이 원하지 않았을 일자리를 잡게 함으로써 실업을 줄인다면 나는 당신에게 은혜를 베풀지 않는다.

이것과 같은 이야기에 기반을 두고, 프리드먼은 지속적인 기간 인플레이션을 높이 유지함으로써 필립스 상관관계를 이용하려는 어떤 시도도—다른 거의 모든 사람이 그 당시에 믿었던 것과 반대로[1]—확실히 실패할 것이라는 그의 유명한 예측을 했다. 인플레이션과 실업 양쪽 다 상승한, 1970년대가 전개되었을 때, 프리드먼의 예측은 깜짝 놀랄 정도로 정확한 것으로 드러났다(그림 1을 보라). 오래지 않아, 본질적으로 모든 경제학자는 *예상되*는 인플레이션이 실업과 싸우는 데 무력(無力)하다는 프리드먼의 견해로 생각을 바꾸었다.

---

[1] 하나의 현저한 예외는, 또 한 사람의 미래의 노벨상 수상자인, 에드워드 펠프스였는데, 그는 동시에 프리드먼의 것과 아주 비슷한 이야기를 구성하고 있었다.

1960년대

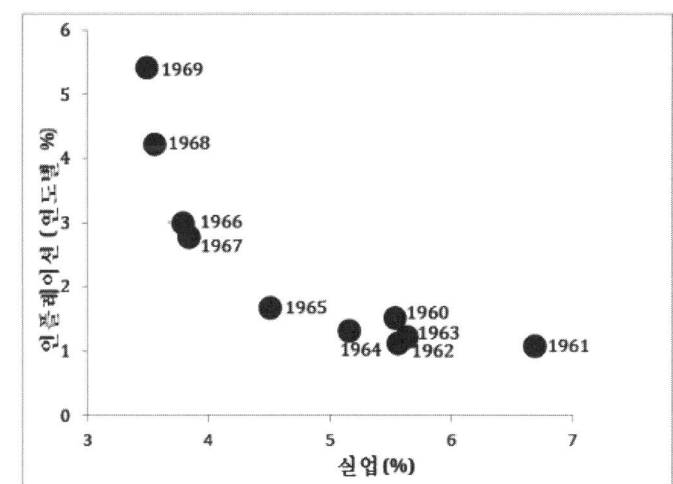

1970 – 2015

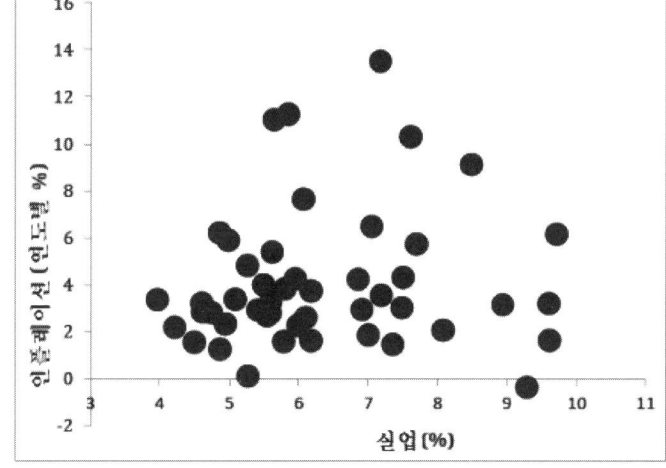

그림 1: 미국에서의 인플레이션율과 실업률

그래프들은 미국에서의 인플레이션율과 실업률을, 첫째는 1960년대에 대해 그리고 그다음에는 1970-2015년도들에 대해, 연도별로 보여준다. (두 번째 그래프에서 점들은 연도별로 명칭이 붙여지지 않았는데, 단지 명칭들을 붙일 여유가 없기 때문만이다.) 1960년대 말에, 밀턴 프리드먼과 에드먼드 펠프스는 위쪽 그래프에서의 상관관계가 무너질 것이라고 예측하는 데서 본질적으로 겨룰 자가 없었다. 아래쪽 그래프는 그 예측의 정확성을 명백히 예증한다.

경제학자들과 정책 결정자들이 명심한 하나의 주요 교훈은, 예를 들어, "만약 우리가 화폐 공급을 올해 5퍼센트만큼 증가시킨다면 고용에 무슨 일이 일어날까?"를 묻는 것이 이치에 닿지 않는다는 점이었다. 그 대답은, 사람들이 예상하는 것에 따라, 하여간 어떤 것이든 될 수 있을 것이다. 사람들이 10퍼센트를 예상하고 있을 때 만약 가격들이 5퍼센트만큼 상승한다면, 그들은 자기들에게 제의되는 임금이 얼마나 낮은지에 놀라는 경향이 있고, 그 결과 다수의 그들은 일자리를 거절한다. 사람들이 2퍼센트를 예상하고 있을 때 만약 가격들이 5퍼센트만큼 상승한다면, 당신은 고용의 호황을 얻을지 모른다.

대신, 올바른 결론은 일관성 있는 화폐 정책이 장기 정책—각 연도의 변화들이 다음 해들의 예상들에 어떻게 영향을 미치는지를 고려하는 정책—이어야 한다는 것이다. 게다가, 당국이 정책 규칙들에 명백히 헌신하고 투명성의 평판을 발전시킴으로써 예상들을 *관리하는*(manage) 것이 대단히 바람직하다.

프리드먼은 변화하고 불확실한 세계에 우리가 살고 있고, 거기서는 더 나은 일자리를 찾거나 학교로 돌아가거나 급한 집안일을 처리하기 위해 일시적으로 실업하기를 선호하는 약간의 사람이 항상 있을 것이라는 사실로부터 발생하는 *자연 실업률*(natural rate of unemployment)이 있다고 계속해서 가설화했다. 실업을 그 자연율 아래로 몰아가는 데 인플레이션을 사용하려는 어떤 시도도, 적어도 장기에는, 실패할 운명이고, 심지어 그것이 성공하는 것 같이 보이는 짧은 간격 동안조차도 아마도 누구에게도 어떤 은혜도 베풀고 있지 않을 것이다.2 이 *자*

---

2 자연율은 변할 수 있고, 만약 어떤 사람이 근로자들을 일자리들에 맞추는 더 나은 방식을 발견한다면 혹은 만약 훈련 프로그램들이 더 효과적이게 된다면, 바뀔 것이다. 프리드먼의 요지는 당신이 화폐 공급을 바꿈으로써 자연 실업률을 바

연율 가설(natural rate hypothesis)은 지금 거시경제학의 중심적인 교의 중 하나이다.

자연율 가설의 함의들은 화폐 이론을 훨씬 넘어선다. 1976년에, 미국 국회는, 실업률을 3퍼센트 아래로 유지하는 데 필요한 만큼 많은 일자리를 창출할 권한을 정부에게 주는, 험프리-호킨스 완전 고용 법안(Humphrey-Hawkins Full Employment Bill)을 통과시켰다. 이것에 대한 문제는, 사람들을 고용하기 위해서, 정부가 그들에게 지급해야 한다는 점이다. 그들에게 지급하기 위해서는, 그것은[정부는] 세금을 올리거나 차입을 증가시켜야 한다. 어느 쪽으로든, 민간 소유의 소득이 더 적다. 앨리스의 세금이 상승하고, 그래서 그녀는 수영장을 사지 않기로 결정한다. 보브는 정부에 빌려주고, 그래서 그는 식당 식사에 쓸 돈이 더 적다. 카를은 화폐를 은행에 넣는 대신에 정부에 빌려주는데, 그러므로 이것은 도나로부터의 대출 신청을 거부하고, 그녀는[도나는] 자기의 사업 확대를 취소한다. 이런저런 방식으로, 민간 고용이 하락해야 한다.[3]

정부 고용은 고용을 증가시키는 비법이 아니다. 그것은 민간 고용을 희생시키고 정부 고용을 증가시키는 비법이다. 자연 실업률을 입법하려고 시도하는 것은 중력을 입법하려고 시도하는 것과 같다. 자연 법칙들(laws of nature)은 사람들의 법률들(laws of men)이 안중에 없다.

꿀 수 없다는 것이다.
[3] 자기의 저작들과 연설들에서, 프리드먼은 과세의 효과들과 정부 차입의 효과들이 거의 상호 교환 가능하다는 주제로 종종 돌아왔다. 어느 쪽으로든, 자원들이 민간 부문으로부터 공공 부문으로 이전되고, 그것은 문제가 되는 것의 대부분이다.

프리드먼이 한 ≪뉴스위크(Newsweek)≫ 칼럼에서 그것과 같은 것을 말했을 때, 험프리-호킨스 법률의 주요 발기인인 상원 의원 휴버트 험프리(Hubert Humphrey)는 프리드먼이 자기 말을 오해했다고, 즉, 이 법률의 목표가 민간 고용을 정부 고용으로 대체하는 것이 아니라, 그것이 민간 고용에 영향을 미치지 *않고* 정부 고용을 증가시키는 것이라고, 응답했다. 험프리는, 바꿔 말하면, 완전히 요점을 빗맞혔다.

그렇다면, 그러한 법률들이 왜 통과되는가? 여기에 프리드먼의 답이 있다: "정부에 의해 고용되는 사람들은 누가 자기들의 은인인지 안다. 정부 프로그램 때문에 자기들의 일자리를 잃거나 그것을 얻지 못하는 사람들은 그것이[정부 프로그램이] 자기들의 문제의 원천이라는 점을 알지 못한다. 좋은 효과들은 눈에 보인다. 나쁜 효과들은 눈에 보이지 않는다. 좋은 효과들은 표들을 발생시킨다. 나쁜 효과들은 불만을 발생시키는데, 이것[불만]은 정부에만큼 민간 기업에도 돌려질 것 같다. 큰 정치적 도전은 이 편향을 극복하는 것인데, 이 편향은 우리를 더욱더 큰 정부로의 그리고 자유 사회의 파괴로의 미끄러운 경사면의 아래쪽으로 데리고 가고 있다."

비록 프리드먼의 회장 고별 연설에서 아이디어들이 새롭고 많은 면에서 급진적이었을지라도, 그것들은 그가 내내 옹호해 오고 있었던 많은 정책 입장을 보강하는 경향이 있었다. 첫째, 화폐 정책은 장기에 집중되어야 하는데, 왜냐하면 그것이 단기에는 아주 거의 도움이 될 수 없기 때문이다. (그러나 그것이 대공황에서 그렇게 했듯이, 그것은 단기에 큰 *해*를 끼칠 수 있는데, 물론 그것은 피해야 한다.) 둘째, 또한 화폐 정책이 장기에 할 수 있는 것에도 강력한 한계가 있다—장기에서 그것은 고용에 영향을 미칠 수 없고, 비슷한 이유들로, 그것은 재화와 서비스의 생산에 영향을 미칠 수 없다. 그러므로 화폐 정책은 그것이 장기에 달성할 수 *있는* 한 가지―사람들이 정확한 예상을 형성하고 적합한 계획을 할 수 있도록, 점진적으로 그리고 예측 가능하게 증가하는 물가 수준―에 맞추어져야 한다.

아이디어들의 이 범위는―필립스 상관관계에 관한 근본적인 이야기뿐만 아니라 정책에 대한 그것의 함의들도―엄청나게 영향력이 있었다. 오늘날에는, 세계 곳곳의 화폐 당국은 낮고 예측 가능한 인플레이션을 주요 목표로서 보고, 화폐 정책이 장기적으로 산출물과 고용에 영향을 미칠 수 없다는 점을 받아들이며, 예상의 관리를 자기들의 직무의 결정적인 부분으로 본다.

경제학자들이 실업을 보는 방식에 약간의 진화가 있었다. 거의 모든 사람은, 자연 실업률이 있다는 점, 그리고 [자연 실업률보다] 더 낮은 어떤 것이든 목표로 삼는 것이 헛수고라는 점―이것은 대개 프리드먼이 한 것이다―을 이제 인정한다. 그러나 오늘날에는 부주의로 실업을 그것의 자연율 *위*로 밀어 올릴지 모르는 정책들을 *피하는* 데 약간 더 관심이 있고, 이것도 역시 화폐 실무에 약간의 영향을 끼쳤다. 그러나 화폐 이론과 화폐 정책의 넓은 주제들은 밀턴 프리드먼이 1967년에 세밀하게 설계했던 것들로서, 그리고 이전에 일어났던 모든 것과 별개의 세계로서, 즉각 인식할 수 있다.

6 시카고 가격 이론

그가 1946년에 시카고 대학교에 도착한 때부터 그가 1977년에 은퇴할 때까지, 밀턴 프리드먼은 시카고 경제학과의 지적 의제를 설정하는 일을 어떤 사람보다 더 많이 했다. 비록 프리드먼이 주로 화폐 경제학자로 알려졌을지라도, 그가 가르치기로 선택한 과목은 *가격 이론*, 혹은 *미시경제학*이었다. 미시경제학은 대학원 1학년 수준 필수 과목이었는데, 그것은 여러 세대 학생들의 사고를 형성하였고, 그들에게 모든 경제학 분야에서 문제들을 분석할 이례적으로 풍부한 집합의 도구들을 주었다.

미시경제학이 정확하게 무엇이고, 시카고 변종에 관해 무엇이 독특하였는가? 몇몇 예를 가지고 그 질문에 답하는 것이 최선일지 모른다. 1950년대에, MIT에서 프리드먼의 상대는 엄청나게 영향력 있는 미래 노벨상 수상자 폴 새뮤얼슨(Paul Samuelson)이었는데, 그도 역시 미시경제학을 가르쳤다. 여기에 새뮤얼슨의 기말 시험들과 문제 집합들에서 무작위로 빼낸 몇 개의 표본 질문이 있다:

- 힉스가 ≪가치와 자본≫의 권 I과 권 II에서 설명하는 것을 설명하는 45분 에세이를 쓰되, 그 부분들을 서로 관련지어 써라.
- 45분에, 쌍방 독점, 복점 그리고/혹은 게임 이론의 근본적인 문제들을 진술하라. 무슨 해결책들이 제출되었는가? 그것들을

평가하라.
- 45분에, 자본과 이자에 관한 주요 이론들을 논하라. [그리고] 평가하라.

대충 같은 때에, 시카고에서 프리드먼은 이것들과 같은 시험 문제들을 제기하고 있었다:

- 말하자면, 커피 한 잔에 1달러의 종량세는 커피의 가격을 그 가격의 특정 백분율과 같은 등가세보다 더 인상할까 덜 인상할까?[1]
- 정오 문제: 인조견, 나일론, 그리고 다른 합성 섬유들의 생산에서 기술 개선은 식용 짐승 고기의 가격을 인상하는 경향이 있었다.
- 만약 콩 재배 농민들이 에이커당 일정 수의 달러의 보조금을 받으면, 에이커당 수확량은 올라갈까 내려갈까?
- 코닥(Kodak) 회사의 대단히 수익성이 있는 필름 사업으로 그것이 카메라 시장에서 자기 경쟁자들의 가격보다 싼 가격으로 팔 수 있다고 주장되었다. 무슨 상황에서 코닥이 이런 식으로 행동하는 것이 타당할까?

아마도 당신은 프리드먼 질문 중 하나 이상을 숙고하기 위해 멈춰 섰을 것이다. 만약 당신이 전문 경제학자가 아니라면, 당신이 새뮤얼슨

---

[1] 여기서 *등가세*(equivalent tax)는 정부를 위해 똑같은 금액의 세입을 조달하도록 설계된 세금이다.

의 것들의 어느 것도 숙고하도록 부추겨지지 않았을 것이라고 나는 추측하고 있다. 프리드먼에게, 경제학은 항상 예산을 계획하는 주부, 가격 전략을 만들어 내는 기업 소유자, 조세 계획을 만들어 내는 정책 결정자, 혹은 뉴스를 읽는 시민이 물을지도 모르는 종류의 현실 세계 문제들에 관한 것이었다. 이론들은 그것들이 검증할 수 있을 구체적인 예측들을 할 때 흥미로웠다. 제너럴 모터스는 자기의 자회사들에 부품들을 그들이 그것들을 가장 싸게 얻을 수 있는 곳에서 사도록 지시해야 할까, 아니면 다른 GM 자회사들의 고객이 되도록 지시해야 할까? 만약 모든 면허 보유 택시 운전자가 두 번째 면허장을 발급받고 그것을 최고 입찰자에게 팔도록 허가된다면 무슨 일이 일어날까? 만약 알코아 회사(Alcoa Corporation)가 갓 채광한 알루미늄에 대해 전 세계적인 독점을 가진다면, 그들이 중고 알루미늄에 대해서도 독점을 가지는지가 (알루미늄 가격들에 대해) 문제가 되는가?2 만약 출판 산업이 텔레비전 방송국이 직면하는 것과 똑같은 종류의 규제들을 받지 않으면 안 된다면 무슨 일이 일어날까?

그러한 질문들에 대한 대답들은, 주어지지 않은 많은 정보에 따라, 하여간 어느 것이라도 될 수 있을 것 같을지 모른다. 그러나 프리드먼은 합리적 선택과 유인이 유발하는 행동의 함의들에 집중하고, 보조 가정들을 필요한 것으로 하며, 만약 그런 가정들이 적당하지 않은 것으로 드러나면 결론이 어떻게 바뀔지를 놓치지 않고 주의 깊게 따라

---

2 이것은 당시의 알루미늄 산업 상대 반독점 소송에 관한 것이었는데, 거기서 법원은 그것이 문제가 되지 않는다는 주장을 받아들였다. 프리드먼이 찾고 있었던 해답은 많은 외부 요인에 따라 그것이 매우 문제가 될지도 혹은 전혀 문제가 되지 않을지도 모른다는 것이었는데, 성공적인 학생은 그 외부 요인들을 적어도 부분적으로 열거하고 분석할 것이다.

감으로써 결론에 이르는 논쟁 기술을 가르쳤다.

시간이 흐르면서, 잘 훈련받은 시카고 학생들이 졸업했고, 일자리를 잡았으며, 이 기술들을 자기들 자신의 학생들에게 보급했고, 그래서 시카고 가격 이론(Chicago Price Theory)은 전 세계 경제학과들에서 교과 과정의 표준적인 부분이 되었다.

프리드먼의 생각대로, 시카고 가격 이론은 그것 자체로 강력하고 혁신적인 주제였을 뿐만 아니라, *모든 경제학에 대한 열쇠*이기도 했다. 시카고 바깥에서는, 거시경제학과 화폐 이론 같은 주제들은 종종 가격 이론과 아주 별개로 취급되었다. 그러나 프리드먼의 시카고에서는, 가격 이론은, 화폐 이론에서 프리드먼 자신의 연구를 포함하여, 모든 것의 중심에 있었다. 참으로, 프리드먼을 그의 동시대인들과 격심하게 구별하는 한 가지는 그의 화폐 이론들이 결정적으로 사람들이 우선 화폐를 보유하는 이유에 관한 면밀한 분석—그다음에 결정적으로 가격 이론의 도구들의 능숙한 적용에 달려 있는 분석—에 달려 있다는 점이다.

시카고 가격 이론이 (45분의 묵상적인 에세이들과는 대조적으로) 구체적인 질문들에 대해 구체적인 해답들을 요구하기 때문에, 그것은 많은 논쟁을 끈다. 시카고에 있다는 것은 그런 프리드먼식 시험 문제들의 약간에 대해 대립되는 해답들을 옹호하는 매우 영리한 사람들 사이 논쟁들에 끊임없이 끌려 들어가는 것을 의미했다. (대학원생 사이 그리고 교수 사이) 그런 논쟁들은 엄청난 학습 경험이었는데, 거기서 참여자들은 서로의 논리를 풀었고, 종종, 서로 다른 가정이 어떻게 서로 다른 결론에 이르렀는지, 그리고 그런 가정들이 어떻게 검증될지, 이해했다는 기분을 안고서 떠났다.

이 논쟁 문화는 프리드먼과 그의 동료 조지 스티글러(George Stigler)에 의해 주의 깊게 계발되었는데, 후자는 시카고 가격 이론의 체계에 대해 프리드먼과 명예를 공유하는 또 한 사람의 미래 노벨상 수상자이다. 그런 논쟁들에 관해 주목할 만한 것은, 여러 시간이나 주나 때때로 달의 의견 교환 후에, 그것들이 해결되는 경향이 있었고, 그런 해결들에서 위대한 아이디어들이 생겼다는 점이다.

전설적인 예는, 그 당시 버지니아 대학교에서 가르치고 있었던, 로널드 코스(Ronald Coase) 교수가 *외부성*(externalities)—다른 사람들에게 그들의 동의 없이 부과되는 비용—의 이론에 관한 논문을 발표하기 위해 시카고를 방문했던 1958년에 일어났다. 예를 들어, 내가 당신의 간접흡연을 호흡해야 할 때, 외부성이 있다. 그 결과, 당신은 내가 당신에게 피우기를 바라는 것보다 더 많이, 그리고 불편부당한 비용-편익 분석3으로 정당화될 것보다 더 많이, 담배를 피우는 경향이 있다. 해결책은, 1958년의 모든 교과서에 따르면, 유해한 활동이 덜 있도록 그것—이 사례에서는 흡연—에 과세하는 것이었다.

그 문제에 관해 코스 교수의 급진적인 의견은, 당신의 흡연이 나에게 해를 끼치는 것과 똑같이, 내가 그것에 관해 불평하는 것(과 나의 정부를 설득하여 그것에 과세하도록 하는 것)이 *당신에게* 해를 끼친다는 것이었다. 그래서 만약 교과서 논리가 옳다면, 우리는 흡연에 대해서 당신에게 과세해야 할 것이고, 그 조세가 필요하도록 한 것에 대

---

3 만약 당신의 세 번째 담배가 (당신이 그것의 대금을 치른 것을 빼고서) 당신에게 5센트 가치의 기쁨을 가져오고, 나에게 3센트 가치의 고통을 일으킨다면, 불편부당한 비용-편익 분석은, 5가 3보다 더 크기 때문에, 당신이 그 담배를 피우는 것이 좋은 일이라고 말한다. 만약 당신의 네 번째 담배가 당신에게 추가적으로 4센트 가치의 기쁨을 가져오고, 나에게 6센트 가치의 고통을 일으키면, 바로 그 불편부당한 비용-편익 분석은 그것이 나쁜 것이라고 말한다.

해서 나에게 과세해야 할 것이며, 그 조세가 필요하도록 한 것에 대해서 *당신에게* 과세해야 할 것이고, 그리하여 광기에 빠져야 할 것이다. 그러므로 코스 교수는 외부성 문제에 관해 완전히 새로운 분석을 제안했는데, 그 세부 사항들은 대단히 흥미롭지만, 아아, 여기서는 주제에서 벗어난다.4

여기에 내가 나의 책 ≪탁상공론 경제학자(The Armchair Economist)≫에서 코스의 시카고 방문에 관해 쓴 것이 있다.

코스의 세미나는 경제학자 사이에서 전설적이게 되었다. 그것은 상상할 수 있는 가장 탁월하고 지적으로 가차 없는 청중을 끌어들였다. 그 방에 있었던 네 명의 미래 노벨상 수상자 중 한 사람인 조지 스티글러는 그 청중을 "정말 탁월한(simply superb)" 이론가 무리로, 그리고 그 일을 자기 생애에서 가장 흥미진진한 지적 사건 중 하나로, 상기(想起)했다. 강연 전에, 투표가 이루어졌다. 아서 피구(Arthur Pigou) [일반적으로 받아들여지는 그 이론의 고안자]에 대한 지지로 20표가 그리고 로널드 코스에 대한 지지로 한 표가 있었다. 스티글러는 후에 "만약 로널드가 투표하도록 허용되지 않았더라면 그것이 더욱더 일방적이었을 것이다,"라고 논평했다.

스티글러의 회고는 계속된다: "여느 때와 같이, 밀턴이 이야기를

---

4 그 새로운 분석에 대한 열쇠는 당신의 흡연이 나에게 비용을 부과하고, 당신의 흡연을 제한하려는 나의 시도들이 당신에게 비용을 부과한다는 점, 그리고 잘 설계된 정책이 모든 그러한 비용의 총액을 최소화하려고 노력해야 한다는 점을 인식하는 것이다.

많이 했다. ... 나의 회고는 로널드가 우리를 설득하지 못했다는 것이다. 그러나 그는 우리의 모든 잘못된 주장에 굴복하기를 거부했다. 밀턴은 그를 한쪽에서, 그다음 다른 쪽에서 치곤 했다. 그다음, 경악스럽게도, 밀턴은 그를 놓쳤고, 우리를 쳤다. 그 저녁의 끝에, 투표는 바뀌었었다. 로널드에 대한 지지가 21표였었고 피구에 대한 지지는 한 표도 없었다." 곧 전 학문 분야가 설득되었었고, 결국 코스는 법의 경제학적 분석에서 새로운 시대를 예고한 데 대해서 충분한 자격이 있는 노벨상을 받았다.

아마도 스티글러가 "그 저녁의 끝"이라고 언급한 것이 약간의 완곡어구라는 점이 첨언되어야 할 것이다. 거기에 있었던 몇몇 사람의 회고에 따르면, 세미나는 오후 중반에[오후 3-4시 전후에] 시작되었고, 교실에서 아론 디렉터(Aaron Director) (시카고 법학 교수이자 밀턴 프리드먼의 처남)의 거실로 장소를 바꾼 후에, 약 오전 3시에 마쳤다. 시카고식—프리드먼식—은 당신이 모든 세부 사항을 결정적인 것으로 하기까지는 한 주제에 대해 결코 문을 닫을 수 없었다.

그것 때문에, 프리드먼은 새로운 종류의 세미나를 도입했다: 매주 자기의 "화폐 워크숍(money workshop)"에서, 초대된 발표자는 자기가 현재 착수하고 있는 어떤 연구 프로젝트의 서면 설명서를 미리 제출할 것이다. 모든 참여자는 이 논문을 미리 주의 깊게 읽도록 기대되었다. 세미나가 열렸을 때, 발표자는 전투가 시작하기 전에 자신을 소개하는 데 몇 분이 주어졌다. 그다음 프리드먼은 "1페이지에 관해 무언가 논평들이 있습니까?"라고 물었다. 만약 그 논평들이, 그리고 그것들이 발생시킨 논쟁들이, 할당된 90분을 채우지 않으면, 그는 "2페이지에 관해 무언가 논평들이 있습니까?"라고 묻곤 했다. 발표자들은 전형적으로 동시에 태형을 당하면서 영감을 얻었다고 느끼면서 떠났고, 자기들의 연구 의제를 더 나은 쪽으로 개조했으며, 빈번히 프리드먼과 그의 팀에 대한 아낌없는 감사를 자기들의 논문들의 최종판들에 포함시켰다.

시카고 가격 이론의 성공들로 대담해져, 그것의 개업자들은 이내 자기들의 방법들을 이전에는 경제학의 범위를 넘어선다고 생각되었던 쟁점들에 적용함으로써 그것의 범위를 확대하려고 시도했다. 프리드먼의 탁월한 제자 게리 베커(Gary Becker)는 사회학의 영역으로 깊이 침입하였고, 인종 차별, 범죄 행동, 가족 규모들, 개인 간 관계들에서의 권력 투쟁들, 그리고 이혼율들의 원인들과 결과들을 분석하는 데 가격 이론을 사용했다. 해리 마코위츠(Harry Markowitz)와 유진 파마(Eugene Fama)는 포트폴리오 투자 결정들을 이해하는 데 가격 이론을 사용했고 그리하여 재무 이론에 혁명을 일으켰다. 로버트 포겔(Robert Fogel)은 미국 남부에서 노예제의 지속을 해명하는 데 가격 이론을 사용했다. 이 문단에서 언급된 모든 사람은 직접 프리드먼에 의해 영감을 받았고 그들 모두는 결국 노벨상을 받았다.

프리드먼의 제자들은 또한 그들 자신의 학생들과 그들의 학생들의 학생들, 기타 등등으로 세대들에 걸쳐 화려한 공헌들을 통해 또 하나의 형태의 영광을 얻기도 했는데, 끝이 보이지 않는다. 수십 년 후, 시카고 가격 이론—밀턴 프리드먼의 시카고 가격 이론—은 여전히 지적 역사에서 가장 성공적인 학문 분야 중 하나인 채로이다.

7 자본주의와 자유

1962년에, 밀턴 프리드먼은 ≪자본주의와 자유(Capitalism and Freedom)≫를 가지고 학회에서 튀어 나가 공공 광장으로 들어갔는데, 이것은 후에 1923-2011년도들에 영어로 쓰인 가장 영향력 있는 책들의 ≪타임(Time)≫지 목록에서 16위를 차지했다.[1] 반세기 이상 후에, 그것은 여전히 열두 개를 넘는 언어로 출판되고 있고 경제 이론에서 아마존의 인기도서 목록의 바로 정상 가까이 차지한다.

그 책의 중심적인 주제는 경제적 자유가 개인적 및 정치적 자유의 전제 조건이라는 것이다. 여기서 *경제적 자유*(economic freedom)는 정부로부터 간섭이 한정된 채 작동하는 자유 시장들과 사적 소유의 체제를 가리킨다. *정치적 및 개인적 자유*(political and personal freedom)는 자유 선거들, 소수파 대표, 표현의 자유, 그리고 정통이 아닌 생활양식을 선택할 권리를 포함한다. 만약 당신이 그런 종류의 자유를 원하면, 당신은 또한 자유 시장들도 가져야 한다. 1962년에 썼을 때, 프리드먼은, 어떤 때나 어떤 곳에서도, 또한 상당한 경제적 자유도 제공하지 않고서는 상당한 정치적 자유를 제공했던 사회의 예를 자기가 알지 못한다고 말했다.

그 사이의 반세기 동안, 어떤 그런 예도 발생하지 않았다. 프레이저 연구소는, 각 국가 안에서 79개의 별개의 지표를 사용하여, 159개국

---

[1] 외관상 자의적인 날짜 범위는 ≪타임≫지가 1923년에 창간되었고 목록이 2011년에 수집되었기 때문이다.

에서 개인적 및 경제적 자유의 엄밀한 순위들을 편찬한다. 방법들은 연구소의 웹사이트에 상세하게 설명되어 있다. 개인적 자유에서 가장 높은 순위를 차지하는 20개국 중에서, 하나를 제외하고 모두가 또한 경제적 자유에 대해서도 최고 25퍼센트에 들고, 심지어 한 예외(아이슬란드)조차도 여전히 수월하게 중위 국가의 위에 있다.

아아, 이것은 오직 한 방향으로만 작용한다. 경제적 자유가 개인적 자유의 *보장*이 되지 않는다는 점을 프리드먼이 관찰했고, 프레이저 연구소 자료가 확증한다. 아랍 에미리트 연방은 세계에서 9번째로 가장 경제적으로 자유로운 국가이지만, 개인적 자유에서 159개 가운데서 암담한 149번째를 차지한다. 경제적으로 자유로운 최고 20개국에서 7개 다른 국가는 개인적 자유에 대해 최고 25퍼센트에 들지 못한다.

비록 그러한 자료들이 암시적일지라도, 프리드먼은 미래에 무엇이 가능할지에 관해 그것들이 실제로 아무것도 증명하지 않는다고 재빨리 지적했다. 그래서 다음 단계는 정치적 자유가 *왜* 그리고 *어떻게* 항상 그리고 모든 곳에서 사회주의로 기반이 약해지는지 이해하는 것이다.2

그래서 한 예를 들어 보자: 정치적 자유와 개인적 자유 양쪽 다의 큰 부분은 당신 정부의 정책들을 반대할 권리이다. 그것을[그 권리를] 효과적으로 하기 위해, 당신은 집회들을 개최하거나, 기록물들을 필름에 담거나, 책들을 출판하거나 당신의 블로그를 광고하기를 원할지 모른다. 그것을 위해, 당신은 자원들이 필요하다. 당신은 그것을 어디

---

2 프리드먼을 따라, 나는 경제적 자유의 존재와 부재를 의미하는 데 *자본주의*(capitalism)와 *사회주의*(socialism)라는 단어들을 사용하겠다. 사회주의는 생산 자원들의 정부 소유 그리고 민간 소유자들이 하는 결정들에 대한 정부 통제를 포함할 수 있다.

에서 얻을까?

　자본주의 사회에서는, 당신은 당신에게 기꺼이 자금을 대는 누구에든 의지할 수 있다. 당신이 민초(民草)에 호소할 수 있지만, 그것은 그 다음에는 당신에게 시작하게 할 약간의 자금이 필요할지 모른다. 부유한 기부자에게 접근하는 것이 더 효과적일지 모른다―그리고 만약 당신이 거절당한다면, 당신은 다른 사람에게 접근할 수 있다. 당신은 심지어 당신의 대의를 신봉하는 부유한 기부자가 필요하지도 않다. 당신은 단지 당신의 책들과 비디오들을 판매함으로써 혹은 당신의 웹사이트를 판촉함으로써 벌 돈이 있다고 믿는 사람만 필요하다. 당신이 성공하지 못할지 모르지만, 당신은 많은 선택지를 가지고 있다. 그리고 참으로, 미국을 포함하여, 자본주의 사회들은 항상 부유한 자본가들이 자금을 댄 반자본주의 선전이 매우 많았다.

　물론, 심지어 당신이 자금을 조달한 후조차도, 당신은 방송이나 유선 텔레비전 방송망에 방송 시간을 예약하는 데 힘들지 모르는데, 왜냐하면 소유자들이 당신의 대의에 적대적일지 모르기 때문이다. 그러나 당신은 적어도 두 가지 의지가 되는 것을 여전히 이용할 수 있다. 하나는 다른 방송망에 접근하는 것이다. 또 하나는 더 높은 가격을 부르는 것이다.

　사회주의하에서는, 당신은 훨씬 더 큰 문제를 가지고 있다. 만약 정부가 회관들, 녹음실들, 그리고 인터넷 제공자들을 소유한다면, 혹은 만약 그것이 그것들의 소유자들을 심하게 규제한다면, 당신은 정부에 접근해야 한다―그리고 만약 그들이 당신을 거절한다면, 의지할 다른 곳이 없다.

　설사 당신의 정부가 모든 사람이 경청될 권리를 가지고 있다는 원칙에 헌신하는 이상주의자들에 의해 운영된다고 할지라도 이것은 문

제다. 그 원칙에 대한 문제는 "모든 사람"이 의미하는 것이 무엇인지 명백하지 않다는 점이다. 자원들은 제한되어 있고, 그런 자원들의 수요는 사실상 무제한하며, 그것은 어떤 사람이 거절당해야 한다는 점을 의미한다. 한 실체가 모든 자원을 통제하는 한, 거절당한 사람들은 대안 없이 남겨진다. 자본주의가 당신에게 청중을 보장하지는 않지만, 그것은 당신에게 시도할 무한히 많은 기회를 정말 준다.

만약 20개 회관과 집회를 개최하기를 원하는 30개 집단이 있다면, 20은 성공할 것이고 10은 실패할 것이라는 점이 여전히 사실이다. 그러나 사회주의하에서는, 성공하는 20 모두는 같은 집단의 관리들에게 호소함으로써 성공했지만, 자본주의하에서는, 성공하는 20은 고도로 다양한 집단의 기부자들과 기업가들에 호소함으로써 그렇게 할—그래서 더 널리 다양한 의견이 경청될—것이다. 그리고 보너스로서, 자본주의하에서는, 어떤 사람이 21번째 회관을 지을 강한 유인이 있다.

이것이 모두 추상적 이론화라고 당신이 생각하지 않도록, 윈스턴 처칠의 사례를 고찰하는데, 그는 1930년대의 대부분을 영국 대중에게 아돌프 히틀러와 독일의 재무장에 단호한 태도를 취하도록 설득하려고 필사적으로 노력하는 데 썼다. 비록 처칠이 지도적인 시민, 현 의회 의원 그리고 과거 각료였을지라도, —모두 영국 정부가 소유한—라디오와 텔레비전 방송망들은 그의 견해들이 주류에서 너무 멀리 벗어나 있다고 재정(裁定)했고 그에게 방송 시간을 팔기를 거부했다.

만약 민간 방송망들이 있어서, 자기들이 원하는 대로 방송 시간을 자유롭게 팔았더라면, 처칠은 확실히 훨씬 더 큰 청중에 도달했었을 것이다. 그가 그리하여 여론과 역사의 진행을 바꾸었을까? 물론 우리는 알 수 없다. 그러나 우리는 사회주의가 그에게 심지어 *시도할*(try)

자유조차도 거절했다는 점을 정말 알고 있다.

자본주의 사회들이 정치적 자유를 달성할 가능성을 가지고 있는 이유는, 자본주의 사회들에서는, 경제 권력이 *분산되어*(dispersed) 있다는 점이다. 호소할 다른 누군가가 항상 있다.

우리는 정치적 언론에 관해 이야기해 오고 있지만, 똑같은 교훈이 더 널리 적용된다. 당신은 자녀 양육이나, 동물들의 윤리적 취급이나, 과학과 종교의 조화에 관한 당신의 비정통적인 견해들에 대해 청중을 찾기를 원하는가? 언론의 자유는 자본주의를 요구하는데, 왜냐하면 언론은 종종 방송 시간이나 녹음실이나 회관이나 웹 존재를 요구하기 때문이다. 만약 내가 당신의 견해를 좋아하지 않기 때문에 내가 그런 것들을 제공하지 않으려고 한다면, 당신은 다른 곳에서 쇼핑할 수 있(거나 아마도 내게 나의 원칙들을 처박아 두도록 부추기는 제의를 할 수 있을 것이)다. 그러나 만약 한 실체가 모든 방송망, 녹음실, 회관, 그리고 호스팅 서비스(hosting service)를 통제한다면, 그리고 만약 그 조직이 당신의 메시지를 승인하지 않는다면, 당신은 운이 없다.

직업 선택의 자유도 역시 자본주의가 필요한데, 왜냐하면 직업은 종종 고용주가 필요하기 때문이다. 만약 내가 당신의 생활양식이나 당신의 민족성을 좋아하지 않기 때문에 내가 당신을 고용하려 들지 않는다면, 당신은 다른 어떤 사람을 위해 일하려고 할 수 있다. 그러나 만약 한 실체가 모든 고용을 통제하고, 당신의 생활양식이나 당신의 민족성을 찬성하지 않는다면, 당신은 운이 없다. 식당에서 식사할 자유는 자본주의가 필요한데, 왜냐하면 어떤 사람이 당신을 접대해야 하기 때문이다. 만약 내가 당신을 접대하려 들지 않는다면, 당신은 접대할 다른 어떤 사람을 발견할 수 있다. 그러나 만약 한 실체가 모든 식당을 통제한다면, 그리고 만약 그 실체가 당신이 접대받지 못할 것이라고 결정한다면, 당신은 접대받지 못할 것이다.

이것이 모두 추상적 이론화라고 당신이 생각하지 않도록, 남북 전쟁 후 백 년 동안 미국 남부의 역사를 고찰하는데, 거기서 소위 "짐 크로(Jim Crow)" 법률들은 흑인 시민들이 일자리를 찾고, 식당에서 접대받고, 버스를 타고, 기업을 시작하는 것을 어렵게 그리고 종종 불가능하게 했다. 이 규정들이 왜 필요하다고 생각되었는가? 왜냐하면, 그것들이 없으면, 한 장소에서 거절당한 흑인 고객들과 흑인 근로자들이 다른 장소에서 환영받을 것이라는 점이 널리 인식되었기 때문이다. 흑인 미국인들에게 그들의 개인적 자유와 정치적 자유를 거부하기 위해, 정치인들은 자유 시장의 작동을 제한할 필요가 있었다.

참으로, 프리드먼은, 자본주의란 인종적, 종교적, 그리고 정치적 차별을 특별히 어렵게 하는 영역인데, 그것이 경제 활동을 아주 넓게 분산시켜서 당신이 거래하고 있는 사람들의 인종, 종교, 정치에 관해 당신이 보통 전혀 아무것도 모른다는 바로 그 이유 때문이라고 주장한다. 당신이 자본주의 국가에서 자동차를 살 때, 바퀴들이 공화당원, 공산주의자, 이교도, 힌두교도, 여성 동성애자, 다자간 사랑주의자(polyamorist)에 의해 부착되었는지 아닌지, 혹은 당신의 것보다 더 밝은 피부를 가진 사람에 의해 부착되었는지 아니면 더 검은 피부를 가진 사람에 의해 부착되었는지, 당신은 알지 못한다. 그것은 고객들이 그런 집단들의 어느 것도 차별하는 것을 본질적으로 불가능하게 한다. 대조적으로, 만약 자동차 회사들이 모두 정부에 의해 통제된다면, 일단의 완고한 고객들이 차별적 고용 관행들을 얻도록 로비하는 것이 훨씬 더 쉬울 것이다.

대부분 경제 활동은 엄청나게 많은 사람의 활동을 조정하는 것이 필요하다. 뉴욕 사람들은 농부들, 빵 굽는 사람들, 트럭 운전사들, 비료, 살충제, 그리고 트랙터의 생산자들, 트랙터와 배달 트럭을 정비하는 정비공들, 그리고 문자 그대로 수천의 다른 사람의 조정된 활동 덕분에 자기들의 식탁에 빵이 있다. 그 활동을 조직하는 오직 두 가지 방식만 있다: 개인들이 가격 신호들에 반응하는 (그래서 빵의 수요 증가가 궁극적으로 트랙터 정비의 수요 증가에 이르고, 정비공들이 자발적으로 잔업을 하게 되는) 익명의 시장을 통하거나, 하향식 지시―바꿔 말하면, 강제―를 통하는 것이다. 후자의 경우, 우리는 모두 지도자들의 변덕과 편견의 지배를 받는다. 그것은 시장을 자유에 도움이 되는 유일한 경제 체제로 남겨 둔다.

이 모든 것을 넘어, 자본주의가 개인적 자유를 촉진하는 별개의 길이 있다: 그것은 사람들을 더 부유하게 하는데, 당신이 더 부유할수록, 당신은 더 많은 자유를 가질 여유가 있다. 당신의 별난 종교는 당신에게 1년에 한 번 샌프란시스코로 순례 여행을 하도록 요구하는가? 당신의 기이한 성적 기호(嗜好)는 당신에게 적합한 짝을 찾아 여행하도록 요구하는가? 당신의 자연 사랑은 당신에게 여름마다 4주 휴가를 내어 이국적인 장소들로 여행하지 않을 수 없게 하는가? 그런 것들은 당신의 개인적 자유의 일부이다. 그것들은 또한 값비싸기도 하다. 일반적으로, 당신이 더 부유할수록, 당신은 더 자유롭다.

물론, 태반의 사람들이 사회주의하에서보다 자본주의하에서 더 부유하다는 점은 앞으로 증명하지 않으면 안 된다. 여기서 자세하게 그 주장을 하는 것은 우리를 곁길로 벗어나게 데리고 갈 것이지만, 거의 모든 경제학자가 이것에 대하여 의견을 같이하고 있다는 점과 그들의 의견 일치가 많은 원천으로부터 온 증거의 일치에 기초하고 있다는 점을 언급하는 것으로 충분할 것이라고 희망한다. 하나의 예: 미국/멕시코 국경 양쪽에서 기후, 인구, 그리고 자연 자원들에서 거의 같은 읍들을 발견하기가 쉽다―그러나 국경의 남쪽에서는 더 사회주의적이고 북쪽으로는 더 자본주의적인 정책들로 쉽게 거슬러 올라갈 수 있는 이유들로 미국 쪽에 있는 읍들이 체계적으로 훨씬 더 부유하다. 그리고 물론 그런 읍들에 있는 미국인들은, 더 널리 여행하고, 더 널리 장을 보며, 더 긴 휴가들을 가질 자원들을 가지고 있어서, 여러 가지 매우 중요한 의미에서 자기들의 멕시코 상대들보다 더 자유롭다. 지난 수십 년은 또한, 동독과 서독 그리고 북한과 남한 같은, 몇몇 더 극적인 예를 제공하기도 했다.

그렇다면, 이것이 ≪자본주의와 자유≫의 주된 메시지이다: 자본주의가 당신을 자유롭게 할 것을 보증하지 않지만, 다수의 이유로, 자본주의의 부재가 당신을 자유롭지 않게 할 것을 보증한다. 다음 단계는 이 일반성을 구체적인 정책 제안들로 바꾸는 것인데, 이것은 프리드먼이 다음에 주의를 돌렸던 곳―이고, 우리도 그렇게 할 곳―이다.

8 정책 분석

 자유 시장들과 자유인들 사이의 관계를 끌어낸 후에, 프리드먼은 구체적인 사항들로 옮겨갔다. ≪자본주의와 자유≫의 더 뒤의 장들은 교육, 노동 시장들, 법인 관리, 주택, 노령 보험, 빈곤의 완화, 등등에서 정부의 역할을 제한하는 것을 옹호하는 주장을 한다.

 이 장들의 각각은 짧고, 매력적이며, 쉽게 이용할 수 있는데, 그래서 당신은 내가 그것들의 모든 내용을 반복하는 것을 필요로 하지 않는다. 대신, 나는 21세기를 위해 갱신된 몇몇 예를 가지고—직업 면허에 관한—단지 한 장만 요약함으로써 그것들의 풍미를 전달하도록 노력하겠다.[1]

 만약 당신이 뉴욕주에 살고 당신이 이발사가 되기를 원하면, 당신은 53일의 훈련을 신청하고 그다음 시험을 통과할 필요가 있을 것이다. (만약 그것이 너무 번거로우면, 당신은 응급 구조사(Emergency Medical Technician)가 되기를 고려할지 모르는데, 이것은 단지 27 훈련일(日)만 요구한다.) 그것은 당신에게 다른 어떤 사람이 소유하는 이발소에서 머리카락을 자를 자격을 줄 것이다. 만약 당신이 당신 자신의 이발소를 열기를 원한다면, 면허 과정은 훨씬 더 복잡하고, 값비싸며, 성가시다.

 일단 당신이 면허를 얻으면, 나는 당신이 다른 주로 이사하고 싶은

---

[1] 직업 면허는 프리드먼의 평생의 관심사였다. 그것은 그의 박사 학위 논문의 주제였다.

기분이 결코 아니기를 희망하는데, 거기서는 당신은 전부 다시 시작해야 할 것이다. 주 면허 직업들에 종사하는 사람들은 다른 직업들에 종사하는 자기들의 인구학적 상대들보다 주 경계들에 걸쳐 36퍼센트만큼 덜 이사할 것 같다. 그것을 다른 식으로 표현하면, 더 나은 기후를 찾아, 배우자의 직업 때문에, 혹은 자기들의 가족들에 더 가깝게 있기 위해 다른 주로 이사하는 매 1,000명 비면허 근로자에 대해, 이사하는 640명 면허 근로자가 있—고 이사하기를 원했지만 면허 문제들 때문에 이사하지 않은 다른 360명이 있—다.2

좋은 소식은, 일단 당신이 그런 고생들을 하여 그런 제한들을 받아들이면, 당신에게 머리카락을 자르게 허락할 뿐만 아니라, 그것의 희소성 덕분에 그것이 또한 인위적으로 당신의 임금을 올리기도 하는, 면허증으로 보상을 받는다는 점이다. 어떤 사람이 면허 요건들에 주저할 때마다, 당신은 걱정할 경쟁자를 한 명 덜 가진다. 최근의 연구들은 면허 요건들이 임금들을 약 15에서 18퍼센트만큼 올리는 경향이 있다는 점을 발견한다. 물론, 이것은 이발사들에게 좋다.

그것은 누구에게 나쁜가? 첫째, 그리고 아주 명백하게, 머리카락을 자르기를 원하지만 수천 달러를 지급하고 53일 동안 교실에서 앉아 있기를 꺼려하는 모든 사람이다. 둘째, 그리고 약간 덜 명백하게, 늘 이발에 대금을 치르는 모든 사람—바꿔 말하면, 거의 모든 사람—이다.

거의 모든 사람을 해치는 요구 조건이 어떻게 민주 국가에서 살아남을 수 있는가? 투표자들은 왜 그것을 찬성하는가? 그 대답은 보통

---

2 J. Johnson and M. Kleiner (2017), *Is Occupational Licensing a Barrier to Interstate Migration?* NBER Working Paper number 24107, National Bureau of Economic Research.

의 투표자가 그리 많이 관심을 가지지 않는다는 점이다. 이발 한 번에 18퍼센트 할증료는 골칫거리이지만, 아마도 당신의 투표를 바꿀 만큼 충분히 골칫거리는 아닐 것이다. 그렇지만, 이발사들은 그 18퍼센트 할증료에 관해 아주 많이 관심을 가지고, 그들은 자기들의 입법자들이 그것을 알도록 확실히 한다.

그리고 많은 다른 면허 직업, 즉 용접공들, 지붕 이는 사람들, 검표원들(진심으로!), 측량사들, 판매원들, 약사들, 배관공들, 온갖 범위의 의료 인력, 기술자들, 마사지 치료사들, 손톱 관리사들, 법률가들, 사서들, 대출 담당 직원들, 장의사들, 수금원들, 보일러공들, 택시 운전사들, 건축가들, 그리고 수백 가지 더 많은 직업에서 일이 그렇게 진행된다. 당신은 가끔의 이발에 대해 추가로 18퍼센트를 치르는 것을 많이 꺼리지 않을지 모르지만, 만약 당신이, 평균적으로, *모든 그런 서비스*에 대해 추가로 18퍼센트를 치르고 있다면, 당신은 그것이 늘어난다고 단언할 수 있다. 그렇지만 당신이 이 면허 요구 조건 중 어느 하나라도 막으려고 애를 쓸 가치가 없는 반면에, 용접공들, 지붕 이는 사람들, 그리고 검표원들은 모두 자기들 자신의 것을 유지하는 데 필요한 것을 하고 있을 것이다.

면허제의 옹호자들은 그것이 품질을 보장하는 데 도움이 된다고 주장한다: 훈련을 받고 면허를 얻은 이발사(혹은 용접공)는 일시적 기분으로 교실을 떠나 이발업을 개업하기로 결정하는 경제학 교수보다 일을 더 잘 할 것 같다. 그러나 프리드먼은 이것이, 기껏해야, *인증*(certification)을 찬성하는 논거이지, 강제적 *면허제*(licensing)를 찬성하는 논거가 아니라고 주장한다. 53일의 훈련을 완료하는 이발사들은 자기들의 인증서를 전시할 수 있다. 훈련을 받지 않은 이발사들은 전시할 인증서가 없을 것이고, 고객들은 누구의 고객이 될지 스스로 결정할 수 있다.

프리드먼보다 덜 엄밀한 사색가는 당신이 애초에 당신을 나쁜 이발로부터 보호하기 위해 늘 정부가 필요했다는 관념을 계속해서 경시했을지 모른다. 그러나 개성적으로, 프리드먼은 쉬운 길을 포기하고 우리의 관심을 대부분 사람이 가장 어려운 사례라고 여길 것, 즉 의사 면허로 다시 돌린다. 어떤 바보도 의사로서 개업할 수 있을 세계에서 우리가 정말로 상태가 더 나을까?

그러한 세계에서는, 훨씬 더 많은 의사가 있을 것이고 그들 중 약간은 우리가 오늘날 가지고 있는 의사들보다 자기들의 일에 훨씬 덜 능할 것이다. [그러나] 그것은 명백히 나쁜 것이 아니다. 우리는 모든 차가 렉서스만큼 좋기를 요구하지 않고, 우리는 모든 식당이 미슐랭(Michelin)에서 별 세 개를 얻을 것을 요구하지 않는데, 그러므로 우리는 왜, 의과 대학들과 [대학 병원들과 같은] 훈련 병원들(training hospitals)의 수를 심하게 줄이면서, 모든 의사가 4년의 의과 대학을 다니고 그 후 수련의 기간과 전문의 실습 기간이 수반되어야 하는가? 프리드먼은, 놀랄 만한 선견지명을 가지고, 1962년에는 대개 생각할 수 없었지만 오늘날 흔해지게 된 가능성들을 마음속에 그렸는데, 이 것들은 서로 다른 수준에서 의료를 제공할 권한을 부여받은, 서로 다른 기능 수준의 다수의 전문가를 가진 집단 개업들(group practices)(우리는 오늘날 그것들을 전문 간호사(nurse-practitioners)와 의사 보조자(physicians' assistants)라고 부른다)을 포함한다. 그러나 심지어 오늘날조차도, 모든 그런 전문가는 여전히 면허를 받고 있고, 면허를 받게 되기 위해서는, 그들은 그 자체 허가를 받아야 하는 훈련 학교들(training academies)에 다녀야 한다. 이것은 의료 개업의 수를 제한할 뿐만 아니라, 그것은 또한 프리드먼의 시절 이전에 집단 개업들이 그랬던 것만큼 우리가 상상하기 어려울지 모르는 대안적인 조직 구조들에 대한 실험도 제한한다. 만약 우리가 면허 요구 조건들을 완전히 폐지한다면 어떻게 될까? 의료가 돌팔이들로 가득 찰까?

대답의 일부는 사람들이 오늘날 식기 세척기를 사기 전에 소비자 보고서(Consumer Reports; 컨슈머 리포츠)를 그리고 지붕 이는 사람을 고용하기 전에 앤지의 목록(Angie's List)을 관례적으로 참고한다는 점이다. 더 많은 의료 선택지가 있는 세계에서는, 신뢰받는 검토자들이 부족하지 않을 것이다.

그러나 아마도 더 나은 대답은 우리가 이것에 관해 약간의 증거를 얻었다는 점일 것이다. 미국에서는, 치과 의사 면허의 요구 조건들이 주마다 상당히 다르다. 전국으로부터 온 신병들의 치아 건강을 검토함으로써, 경제학자들은, 비록 더 엄격한 면허 요구 조건들이 치아 치료의 가격을 정말 올린다고 할지라도, 그것들이[그 조건들이] *품질에 눈에 띄는 효과를 끼치지 않는다*는 점을 발견했다.[3]

❧ ❧ ❧ ❧ ❧ ❧

지식인이, 여럿은 말할 것도 없고, 심지어 하나의 공공 정책 문제에도 직접적이고 즉각적인 효과를 끼치는 것은 역사적으로 드물다. 밀턴 프리드먼은 확실히 그런 희귀한 사람 중 한 사람이었다. 우리가 보았듯이, 그는 화폐 정책에 지속적인 영향을 남겼고 많은 사람의 마음에 대공황의 실수들이 전혀 반복되지 않았다는 사실에 대해 거의 단독으로 원인이 된다. 다가오는 장들에서, 우리는, 교육 선택, 환율 체제들,

---

[3] M. Kleiner and R. Kudrle (2000), Does Regulation Affect Economic Outcomes? The Case of Dentistry, *Journal of Law and Economics* 43.

그리고 미국에서 징병의 종식을 포함하여, 여러 다른 영역에서 그가 끼친 직접적인 영향력을 연구할 것이다.

더욱 흔히, 지식인들은, 정치학자들이 *오버턴 윈도*(Overton Window)—대중이 기꺼이 진지하게 받아들이는 범위의 정책 아이디어들—라고 부르는 것을 확대함으로써, 약간 더 간접적으로 자기들의 영향력을 행사한다. 이것에도 역시, 프리드먼은 이례적이었다. 그는 당신이 종기를 째는 데 6년의 의료 훈련이 필요 없다는 그 당시 급진적이었던 관념을 옹호한 최초의 주요 공공 지식인(public intellectual)이었던 것 같다. 오버턴 윈도의 그 확대는 의사 보조자의 아이디어를 처음에 생각할 수 있게 그리고 궁극적으로 흔하게 하는 데서 한 역할을 했다. 우리가 다음 장에서 볼 것이듯이, 직업 면허는 오버턴 윈도가 프리드먼의 주장들의 힘과 지속성에 의해 깨어진 많은 쟁점 중 그저 하나일 뿐이다.

그런 성공들에도 불구하고, 선진국들에서 정부의 역할은 프리드먼의 시대 이래로 상당히 증가했다. 미국에서, 대략적인 측정치는, 미국 정부에 의해 기업들에 부과되는 모든 새로운, 수정된, 그리고 제안된 규제를 열거하는 연간 발간물인, 연방 공보(Federal Register)의 크기이다. ≪자본주의와 자유≫가 세상에 나온 1962년에 연방 공보는 13,226페이지를 채웠다. 2016년까지는, 97,110페이지에 이르러, 그것은 길이가 여섯 배가 넘었다.

이것은 ≪자본주의와 자유≫의 메시지가 그것이 이제까지 그랬던 것만큼 지금도 절박하다는 점을 암시한다. 다행히, 그것은 아직도 출판되고 있고, 열두 개를 넘는 언어로 이용할 수 있으며, 지속적으로 아마존의 "경제 이론(Economic Theory)," "자유 기업(Free Enterprise)," 그리고 "정치 이데올로기(Political Ideologies)" 범주에서 차트들의 정상 가까이에 있다.

  그가 ≪자본주의와 자유≫에서 얻은 명성은 (학계 지식인으로서 그의 첫 번째 경력 후에) 공공 지식인으로서 프리드먼의 두 번째 경력뿐만 아니라 자유의 대의에서 행동주의자로서 세 번째이자 긴밀하게 관련된 경력도 발진시켰다. 우리는 다음에 그것에 관심을 돌릴 것이다.

9 행동주의

≪자본주의와 자유≫의 성공 후에, 밀턴 프리드먼은 세계에서 가장 널리 인정받는 경제적 자유 옹호자가 되었다. 18년 동안 3주마다 실린, 그의 ≪뉴스위크≫에서의 사설 반대편 칼럼들은 약 3백만 정기 구독자의 직접적인 독자층에 도달했고 다른 매체들에서 널리 인용되었다. 곧 그의 얼굴과 그의 목소리는, 그의 빈번한 의회 증언, 대중 연설, 그리고 매체 출연을 통하여, 더욱 수백만 사람에게 낯익었다.

프리드먼은 사상의 전투에서뿐만 아니라 실제 정책 결정 무대에서도 자기의 명성과 자기의 수사적 기술들을 강력한 무기로서 행사했다. 여기에 그가 아주 명백하게 관여한 몇몇 대의가 있었다.

모병제

1960년대 내내, 미국 사회는 징병에 대한 격렬한 논쟁으로 찢어졌다. 친(親)징병 주장은 대개 저임금 징집병들이 고임금 자원병(自願兵)들보다 하여간 사회에 비용이 더 적다는 잘못된 주장에 의지하였다. 실제로, 목수 카를(Carl the Carpenter)을 군인 샘(Sam the Soldier)으로 바꾸는 사회적 비용은, 카를이 얼마를 지급받건 상관없이, 카를의 목수 서비스의 포기된 가치와 같다. 만약 카를이 징집된다면, 그는 비용의 많은 부분을 자신이 부담한다. 만약 그가 시장 임금을 통해 자원하도록 유도된다면, 비용은 납세자들에게 이전된다. 그러나 비용은 어느 쪽으로든 똑같다.

그래서 징집군은 정확하게 똑같은 병원(兵員)을 가지고서는 가설적인 자원군(自願軍)과 정확하게 똑같은 비용이 든다. 그러나 *실제의* 자원군은 항상 더 값싼데, 왜냐하면 똑같은 인력을 가지는 대신에 그것은 덜 가치 있는 대안들을 가진 신병들을 끌어들이는 경향이 있기 때문이다. 만약 카를로스가 카를보다 덜 생산적인 목수라면, 카를로스는 카를보다 더 자원할 것 같다. 스티브 잡스가 자기의 차고에서 현대 개인용 컴퓨터를 발명하기 직전에 있었을 때, 그가 군에 입대하기 위해 그것 모두를 포기할지 모를 위험은 전혀 없었다. 대조적으로, 징병 위원회는—잡스와 다수의 훨씬 덜 탁월하고 덜 근면한 땜장이를 구별할 방법이 없어서—그를 징집하는 도저히 말도 안 되게 값비싼 실수를 쉽게 저질렀을 것이다.

그렇다면 징병은 그것이 개인적 자유에 그랬던 것만큼 경제학적 상식에도 모욕이었고, 양쪽 다의 점에서 그것은 자연적으로 프리드먼의 관심을 끌었다. 1966년에, 그는, 인류학자 솔 택스(Sol Tax)에 의해 조직된, 시카고 대학교에서 열린 이제는 전설적인 한 대회에 참가했다. 모든 점에서, 그 대회의 빛나는 별은 프리드먼의 전(前) 학생(이자 나 자신의 전 동료인) 월터 오이(Walter Oi)였는데, 그는 징병의 완전한 비용을 탁월하게 자세히 추정했다. 오이의 발표 전에, 74명 참석자의 투표는 ⅔가 징병을 찬성하는 것을 발견했다. 그 후, 후속 투표는 ⅔가 반대하는 것을 발견했다.

3년 후, 리처드 닉슨 대통령은 프리드먼을 징병의 미래에 관해 권고하는 특별 위원회에 임명했다. 15명의 위원은 견해의 다양성을 대표하도록 의도적으로 선택되었다. 프리드먼은 징병을 소리 높여 반대하는 다섯 사람 중 한 사람이었다. 다른 다섯 사람은 그것을 소리 높여 지지했다. 그리고 남아 있는 다섯 사람은 불가지론자로 밝혀졌다.

광범위한 토론과 회합 후에, 오이와 프리드먼은 징병의 지지자들과 불가지론자들의 모든 사람을 설복하였고, 위원회는 징병이 폐지되어야 한다고 권고하는 만장일치 보고서를 대통령에 전달했다. 그 직후, 그것은 폐지되었다.

교육 선택

공립 학교들이 있어야 할까, 그리고 만약 그렇다면 왜? 학교 교육이 소중하[기 때문이]다고 주장하는 것은 충분하지 않은데, 왜냐하면 (식품과 집을 포함하여) 많은 것이 소중하지만, 대부분 사람은 그런 것들이 정부에 의해 제공되어야 한다고 생각하지 않기 때문이다. 무엇이 학교 교육을 다르게 하는가? 하나의 가능한 대답: 당신이 사는 식품은 당신 자신의 가족에 이롭지만, 당신이 사는 교육은 당신의 전 공동체에 이로운데, 왜냐하면 읽고 쓰는 능력과 기타 기본적인 기능들은 안정적인 민주 국가를 유지하는 데 필요하기 때문이다. 그러므로, 당신이 이례적으로 공동체에 관심이 많지 않으면, 만약 당신이 스스로 당신 자녀들의 교육을 준비해야 한다면, 당신은 그들을 과소 교육시키기로 결정할지 모른다.

그러나 심지어 그것조차도 기껏해야 교육의 공공 *자금 조달*(funding) 찬성론이지, 교육의 공공 *제공*(provision) 찬성론이 아니다. 그런 것들은 아주 다른 것들이고, 당신은 하나를 다른 것 없이 가질 수 있다. 1955년 에세이에서, 밀턴 프리드먼은 바로 그것을 제안했다: 교육 바우처(educational vouchers) 제도로, 거기서 정부는 최소 수준의 학교 교육을 요구하고 그런 학교 교육을 위해 부모들이 선택하는 어떤 공인된 기관에서든 상환할 수 있는 바우처를 부모들에게 제공한다. 최소 수준을 넘는 교육을 구입하기를 원하는 사람들은 물론, 자기들 자신의 비용으로, 자유롭게 그렇게 할 수 있을 것이다.

바우처 제도는 정부의 역할을 최소화하고 부모 선택의 기회를 최대화하는 방식으로 모두에게 교육을 제공하는 목표를 충족시킬 것이다. 그것은 경쟁의 모든 편익을 가져오는데, 학교들은 품질을 유지함으로써 학생들을 끌어 올 유인이 주어진다. 그것은 또한, 설사 당신이 매우 가난하다고 하더라도, 당신이 당신의 가족을 뿌리째 뽑아서 읍을 가로질러 다른 학구로 이사할 방법을 찾을 필요 없이 당신의 아이들을 꽤 좋은 학교에 보낼 기회를 가진다는 점도 의미한다.

대안은 본질적으로 정부 독점이다. 프리드먼이 썼듯이, "당신은 독점적인 서비스 공급자가 자기의 고객들이 원하는 것에 많은 관심을 기울이게 할 수 없는데, 특히 그것이 심지어 자기의 자금을 자기의 고객들로부터 직접 얻지도 않을 때 그렇다." 일반적으로, 사람들은 그들이 자기들 자신의 돈을 쓸 때 절약하고, 그들이 돈을 자신들에게 쓸 때 그들은 합당한 가치를 요구한다. 그러나 대개, 학교 행정가들은 다른 사람들의 돈을 [또] 다른 사람들의 자녀들에게 쓰고 있는데, 이것은 낭비와 부주의 양쪽 다의 비책이다. 1970년과 1982년 사이, 미국 학교 교육 지출은 다섯 배 증가했지만, 품질의 측정치들은 감소했다.

학교 선택에 관한 프리드먼의 에세이는 처음 경제학자들의 독자층을 위해 쓴 것이었지만, 그는, 바우처 아이디어를 일반 대중에게 소개하는, 최신 버전을 ≪자본주의와 자유≫에 한 장으로 넣었다. (프리드먼이 지적했듯이, 그 아이디어는 선례가 없지 않았다―그것은 부분적으로 제대 군인 원호법(GI Bill)에서 영감을 얻었는데, 거기서는 제2차 세계 대전에서 돌아온 군인들이 자기들의 복무에 대한 보답으로서 교육 바우처를 받았다.) 거기서부터, 그 아이디어는 정책 주류로 들어갔다.

그들의 생애 나머지 동안, 밀턴과 로즈 프리드먼은 교육 선택의 대의에 개혁 운동가로서 이바지하였는데, 출판에서 그리고 매체 출연들에서 자기들의 주장을 했고, 의사 결정자들에게 로비했으며, 정치적 주민 발안들과 주민 투표들을 지원할 기금을 모았고, 밀턴과 로즈 프리드먼 재단(Milton and Rose Friedman Foundation) (지금은 에드초이스(edChoice)로 개명되었다)을 창설했는데, 이것은, 연구를 후원하는 것과 지금 이용할 수 있는 선택들에 관해 부모들을 교육하는 것에 덧붙여, 프리드먼의 일을 계속한다.

오늘날 교육 바우처들은 50개 미국 주 중 15개와 컬럼비아 특별구에서 현실이다. 다른 6개 주는 교육 저축 계정(educational savings accounts) 제도들을 통해 교육 선택을 촉진하고, 18개는 세액 공제 장학 프로그램을 통해, 그리고 8개는 세액 공제와 소득 공제를 통해 그렇게 한다. 44개 주에서 300만 명을 넘는 아이들이 차터 스쿨(charter schools; 교육 위원회의 통제를 받지 않는, 독립 공립 초·중등 학교)에 다니는데, 프리드먼은, 그것들이 여전히 정부 체제의 일부이므로 제한된 것이긴 해도, 그것들을 "올바른 방향으로의 한 걸음"으로 성격 규정했다. 거의 모든 사례에서, 이런 개혁들을 제도화하려는 정치적 의지는 그 기원을 직접 프리드먼 부부의 연구에 거슬러 올라가 찾을 수 있다.

규제

역효과를 내는 규제는 ≪자본주의와 자유≫에서 되풀이해서 일어나는 주제이지만, 언급되지 않게 된 한 규제 기관은 미국 식품 의약청(Food and Drug Administration; FDA)인데, 이것은, 무엇보다도, FDA의 안전과 효능 기준들을 충족시키지 못한 어떤 신약도 판매를 금지한다.

그것은[언급되지 않게 된 것은] 아마도 심지어 밀턴 프리드먼조차도, 1962년에는, FDA가 얼마나 큰 피해를 가져왔는지 알 길이 없었기 때문이었을 것이다. 1973년에, 프리드먼의 학생 샘 펠츠먼(Sam Peltzman)은 FDA가 나쁜 약들을 시장에 내놓지 않음으로써 구했었을 인명들의 (상당한) 수를 FDA가 이용할 수 있게 하지 못했던 좋은 약들 때문에 잃게 되었었던 인명들의 더욱더 큰 수와 비교하는 대성공 논문을 가지고 그 공백을 메웠다.1 프리드먼은 즉각 알아차렸고 펠츠먼의 결과들을 FDA의 폐지를 요구하는 널리 인용되는 한 ≪뉴스위크≫ 칼럼에 공표했다.

회고하면, 펠츠먼의 결과들은 바로 우리가 예상했어야 했던 것이라고, 프리드먼은 말했다. FDA가 있는 한, 그것은 가끔, 해로운 것으로 드러나는 어떤 약들을 승인하고 인명들을 구했을지 모르는 다른 약들을 거부하거나 지연하여, 양(兩)방향으로 실수를 할 것이다. 첫 번째 종류의 실수는 대서특필될 것이다: "**세 아이의 엄마가 FDA가 승인한 약을 먹고 사망하다.**"

두 번째 종류의 실수는 눈에 보이지 않는다. 아무도 다음과 같이 씌어 있는 표제를 결코 보지 못한다: "**두 아이의 아빠가 그를 구했었을 의약을 개발하는 것이 FDA 규제들로 인해 엄청나게 값비싸게 되지 않았었더라면 막을 수 있었을 심장마비로 사망하다.**"

---

1 FDA의 규제 권한은 1962년에 갑자기 그리고 극적으로 증가되었다. 그 직후, 신약들이 시장에 들어간 속도에서 급격하고, 지속적이며, 선례 없는 감소가 있었다. 1973년까지는, 펠츠먼은 그 감소가 사실상 FDA에 의해 야기되었었다고 주장하는 데, 그리고 그 결과 잃게 된 인명들의 수를 추정하는 데—미국 대 다른 나라들에서의 신약 도입들 사이의 차이점들에 관한 자료를 포함하여—충분한 자료를 가지고 있었다.

그 비대칭성을 고려하면, FDA는 두 번째 종류의 실수를 훨씬 선호하고 그러므로 그 방향으로 훨씬 너무 많이 실수한다. 폐지 대신에 개혁을 계속해서 요구한 사람들에게, 프리드먼은 "짖는 고양이들(Barking Cats)"이라는 제목이 붙은 또 하나의 칼럼을 덧붙였다.

> 만약 고양이가 짖는다면, 내가 그것을 가지고 싶다고 말하는 어떤 사람을 당신은 어떻게 생각할까? 그렇지만 만약 FDA가 당신이 바람직하다고 믿는 대로 행동한다면 당신이 그것을 지지한다는 당신의 언명도 정확하게 똑같다. … FDA가 지금 행동하는 방식은, 그리고 해로운 결과들은, 우연이 아니라, 쉽게 교정되는 인간 실수의 결과가 아니라, 야옹이 고양이의 구성과 관련되는 것과 정확하게 똑같은 방식으로 그것의 구성의 결과이다.

FDA는 아직도 주위에 있고, 아직도, 많은 현대 연구자에 따르면, 어떤 신약들의 도입을 늦춤으로써 뿐만 아니라 다른 것들의 개발을 막음으로써도 큰 손해를 끼치고 있다. 그러나 대개 이 쟁점을 세간의 주목을 받게 유지하려는 프리드먼의 집요함 덕분에, 그것은—프리드먼의 아주 비관적인 예상들과는 반대로—적어도 부분적으로는 억제되었다. 1992년 이래로, 제약 회사들은 FDA 승인 과정의 속도를 상당히 더 높이는 의약 연구들에 자금을 제공하도록 허가되었다. 의사들은 관례적으로 비(非)FDA 승인 목적들을 위해 FDA 승인 의약들을 처방한다. FDA는 공중위생 위기들 동안, 특히 AIDS 전염병이 절정일 때, 승인들을 가속화했다.

환율 정책

1971년 이전에는, 세계의 많은 지역은 고정 환율제에 따라 움직였다. 미국 1달러는 일본 360엔, 혹은 스위스 4.373프랑, 혹은 오스트리아 26실링, 혹은 금 1.23그램에 살 (혹은 팔) 수 있었다. 국제 협정들의 체제하에서, 세계 곳곳의 화폐 당국들은 필요하다면 자기들의 화폐 공급들을 조정함으로써 이 환율들을 유지하기로 동의했다. 말하자면, 만약 엔이 가치가 올라가고 있는 것 같으면, 일본 당국은 상승에 대응하기 위해 엔의 공급을 증가시킨다. 만약 무역업자들이 1달러에 대해 금 1.23그램 미만을 부르기 시작하면, 미국 당국은 달러 가치를 회복하기 위해 달러 공급을 줄인다. 1950년부터 밀턴 프리드먼은 이 체제에 관해 의견을 강경하게 밝히는 비판자였는데, (무엇보다도,) 가격들을 통제하려는 어떤 시도와도 같이, 그것이 자유에 적대적이라고, 그것이 화폐 당국에 그들이 자기들의 일들을 올바르게 하지 못하게 하는 의무들을 지운다고, 그리고 국내 압력들로 인해 흔히 당국이 자기들의 명목상 의무들을 완수하지 못하므로 그것이 하여간 실패하게 되어 있다고 주장하였다. 그런 주기적 실패들은 그 체제가 막게 되어 있었던 바로 그런 종류의 불확실성과 불안정성의 중대한 원천이었다.

수십 년 동안, 프리드먼은 (아주) 작은 무리의 변동 환율 옹호자들의 지적인 지도자였는데, 그러한 체제가 정확하게 어떻게 작동하게 될 수 있을지 상술하는 일련의 제안서를 만들어 냈다. 이 제안서들은 1971년에 매우 귀중한 것으로 드러났는데, 그때 미국은 자기가, 처음으로, 미국 달러가 금에 관해 자유롭게 변동하도록 허용할 것이라고 공표했는데, 국제 협정들의 전 체제는 하룻밤 사이에 무너지게 되었다. 새로운 변동 환율 체제는, 대개, 프리드먼이 전개했었던 지침들을 따라, 순조롭게 제자리에 안내되었다. 그런 지침들이 이용될 수 없었더라면, 세계는 반대 방향으로, 더욱 광범위하고 다루기 힘든 자본 통제와 환율 통제 쪽으로, 아마도 국제 무역에 새롭고 억압적인 제한들을 수반하면서, 이동했을지 모른다.

프리드먼은 후에 이 교훈이 경제학자들이 영향력을 행사하는 방식을 분명히 보여준다고 썼다: "나는 오랫동안 사람들이 급진적인 제안들이라고 여기는 것을 우리가 만들 때 우리가 옳다고 그들을 설득함으로써 우리가 사건의 진전에 영향을 미치지 못한다고 믿어왔다. 오히려, 우리는 위기 시에 무언가 행해져야 할 때 선택지들을 이용할 수 있게 유지함으로써 영향력을 행사한다."

그것은 옳은 것 같다. 베트남 전쟁의 위기는 징집의 쟁점이 위기 국면에 이르게 만들었다. 미국 공립 학교들에서 위기는 대안들의 절박한 탐색을 고무하였다. AIDS 전염병의 위기는 FDA를 고무시켜, 처음으로, 자기의 의약 승인 과정을 자유화할 생각이 들게 하였다. 각 사례에서, 새로운 정책으로의 이전은 정책 결정자들에 대한 자세한 길잡이로서뿐만 아니라 일반 대중의 지지를 얻기 위해서도, 여러 해에 걸쳐서 놓은, 지적 기초를 요구했다.

그러한 종류의 기초를 놓는 것은 프리드먼이, 그의 지적 영향력— 그것에 관해 우리가 많이 이야기했다— 덕택뿐만 아니라 의사 전달자로서 그의 이례적인 기술 덕택에도, 떠맡은 역할이었는데, 후자에 관해서는 우리가 다음에 더 많이 이야기할 것이다.

10 시민 강연

1980년에, 밀턴과 로즈 프리드먼은 예지력 있는 텔레비전 프로그램 제작자 보브 치테스터(Bob Chitester)와 협력하여 ≪선택의 자유(Free to Choose)≫라 불리는 텔레비전 시리즈를 창작했다. 그 시리즈는 원래 미국에서 공영 방송 체제(Public Broadcasting System; PBS)에서 방영되었는데, 거기서, 연속물의 1회분당 약 300만 시청자를 가져, 그것은 PBS 역사에서 가장 인기 있는 프로그램 중 하나였다. 프리드먼 부부에 의해 쓰인, 같은 제목을 가진 자매 편은 그해의 인기도서 목록들의 정상 가까이에 있었다.

10년 후, ≪선택의 자유≫는 소련의 붕괴 후에 자신들을 개혁하고 있었던 여러 이전 공산주의 국가의 지도자들에게 주요 영감으로서 도움이 되었다. 신생 독립 에스토니아의 초대 수상 마르트 라르(Mart Laar)는 명시적으로 ≪선택의 자유≫를 경제 정책 안내에 대한 자기의 주요 원천으로서 지정하였다. 프리드먼 부부의 권고들에 따라 만든 일련의 개혁 후에, 에스토니아는 몇 년을 유럽에서 가장 빨리 성장하는 경제로 보냈다. 오늘날, 케이토 연구소-프레이저 연구소-프리드리히 나우만 연구소 *인간 자유 지수*(Human Freedom Index)에서 인간 자유 순위에 따르면, 에스토니아는 미국보다 더 자유로운 나라이다.

≪선택의 자유≫의 각 1회분은 자본주의의 성공들과/혹은 사회주

의의 실패들을 두드러지게 하는 짧은 기록물로 시작하여, 밀턴 프리드먼과 이데올로기적으로 다양한 전문가의 일단 사이에 긴 토론이 이어진다. 시리즈가 전개되고 있었을 때, 프리드먼은 대학들과 대학교들의 강연 여행에 착수했는데, 거기서 그는 길게 청중들과 관계를 맺어, 그들의 질문들에 대답했고 그들의 논평들을 역점을 두어 다루었다. 다수의 이 강연은 ≪선택의 자유≫ 제작진에 의해 촬영되었고 여전히 인터넷에서 꾸준한 청중을 끌고 있다.

≪자본주의와 자유≫의 독자들과 ≪뉴스위크≫의 독자들은 이미 많은 프리드먼의 아이디어와 주장에 친숙하였다. 그러나 ≪선택의 자유≫는 밀턴 프리드먼의 또 하나 그리고 똑같이 놀랄 만한 측면을 드러냈다. 사상의 전투에서, 그는 곧잘 항상 그리고 모든 곳에서, 동시에, 순전히 가차 없을 뿐만 아니라 완전히 공손하기도 하였다. 지금까지 이 조합을 그렇게 솜씨 좋게 해낼 수 있었던 다른 공인(公人)을 나는 알지 못한다.

비디오들은—≪선택의 자유≫ 1회분들뿐만 아니라 강연 여행 비디오들도—프리드먼을, 비열한 언동들 없이 그리고 개인적 비난에 의지하지 않고 생각이 신중하지 못한 주장들의 요지를 날카롭게 비판하는, 뛰어난 의사 전달자로 드러낸다. 그의 굉장히 옮기 쉬운 미소는 남의 실패를 고소해하거나 개인적 승리의 기색 없이 오해를 바로잡았다는 점에 곧잘 만족을 전달한다. 자기가 관계하고 있는 사람들을, 심지어 자기가 그들의 오류들을 개탄할 때조차도, 그가 좋아한다는 점은 명백한 것 같다.

훌륭한 경제학자로서, 프리드먼은 전문화의 편익들을 확실히 인식했다. 대부분 경제학자가 훌륭한 목수가 아닌 것과 똑같은 이유로 대부분 목수는 훌륭한 경제학자가 아닌데, 그것의 어떤 것에 관해서도 창피한 아무것도 없다. 많은 경제학자는 이 자명한 이치를 잊고 경제학적 무지에 화를 낸다. 대조적으로, 프리드먼은 항상 인간 다양성을 즐겼다. 목수, 미용사, 혹은 화학자가 경제학적 헛소리를 지껄였을 때, 프리드먼은 "내가 이것에 관해 생각했지만, 당신은 그렇지 않았다,"고 재빨리 지적했지만, 자기가 그들을 웃음거리로 만들고 있다는 함의를 양심적으로 피했다. 그가 급진적인, 민주 사회를 위한 학생들(Students for a Democratic Society)의 지도자들과 토론했을 때, 프리드먼은 자기와 그들이 똑같은 것들—개인의 자유, 다원주의, 그리고 대중들을 위한 번영—을 추구한다고 항상 강조했다. "우리 사이의 유일한 차이점은," 그는 미소를 띠고 말했다, "내가 그런 것들을 달성하는 방법을 알지만, 당신들이 모른다는 점이다."

전문적인 동료들과 사정을 끝까지 생각했기를 기대될 수 있을 사람들에게는, 프리드먼은 아주 말이 신랄했지만, 그는 자기 자신의 크기의 대상들에 대해서는 자기의 냉소적인 재치를 아꼈다. 프리드먼의 평생의 친구 찰스 브루니(Charles Brunie)는 한 젊은이가 극도로 무례한 방식으로 그[프리드먼]에게 질문을 되풀이해서 한 어느 칵테일 파티를 상기한다. 밀턴의 대응은 매우 친절했다. 다음 날 아침 밀턴은 또 한 사람의 노벨상 수상자, 제임스 토빈(James Tobin)과 토론하고 있었다. 토빈은 전날 저녁 그 젊은이가 했었던 것과 거의 정확하게 같은 질문을 했지만, 그[토빈]는 매우 점잖게 그렇게 했다. 밀턴은 그에게 맹렬한 기세로 덤벼들었다. 후에, 브루니는 밀턴에게 그가 왜 그 젊은이에게는 그렇게 점잖았고 토빈에게는 그렇게 공격적이었는지 물었다. 프리드먼은 답했다, "그 젊은 아이는 자기가 이야기하고 있는 것을 몰랐어. 반대로, 제임스는 알고 있었어—그것은 매복 질문(ambush question)이었고, 나는 그가 그것을 가지고 달아나게 하지 않을 작정이었어."

똑같은 독설은 징병에 관한 국회 청문회 동안에도 눈에 띄었다. 프리드먼은 베트남 전쟁에서 미군 최고 사령관, 윌리엄 웨스트모얼랜드(William Westmoreland) 장군과 함께 증언하도록 소환되었다. 자원군 반대자인 웨스트모얼랜드는 자기가 용병군을 지휘하고 싶지 않다고 말했다. 프리드먼은 웨스트모얼랜드에게 그가 노예군을 지휘하고 싶으냐고 묻는 것으로 즉각 응수했다. 그는, 만약 자원병이 용병이라면, 웨스트모얼랜드, 프리드먼, 그리고 나라의 모든 내과 의사, 법률가 및 정육점 주인을 포함해서, 일하기 위해 돈을 받는 다른 모든 사람도 그렇다고 계속해서 진술하였다.

어떤 사람들에게는, 어떤 정도의 공손함이나 공정도 불충분하게 지지받는 자기들의 편견들을 받아들이기를 프리드먼이 정말 짜증 나게 거부하는 것을 보상할 수 없을 것이다. 작가 레오 로스텐(Leo Rosten)은, ≪내가 사랑했거나, 알았거나, 숭배했던 사람들(People I Have Loved, Known, or Admired)≫에 관한 자기의 책에서, 프리드먼의 이름을 펜윅(Fenwick)으로 바꾸었지만, 만약 그렇지 않으면 그를 알았던 모든 사람이 즉각 인식할 수 있는 초상화를 그렸다.

그는 대단히 사랑스러운 작은 남자이다. 그의 성벽(性癖)은 아주 밝고, 그의 성격은 아주 개방적이어서, 나의 아내가 그들의 국제 의장(International Chairman)인, 심지어 가장 무정한 견유학파(犬儒學派) 사람들(Most Hardened Cynics)조차도 펜윅을 "아주 사랑스럽다(utterly adorable)"고 부른다.

그렇지만, 많은 사람은 그와 맞설 수 없다고, 로스텐은 말한다.

펜윅은 논리적인 것을 중심으로 하여 행동하는 사람이다. 그는 심지어 이성을 칵테일 파티들에서도 사용한다. ... 기본적인 문제는 매우 똑똑한 펜윅이 다른 사람들도 역시 매우 똑똑하다고 가정한다는 점이다. 그리고 그것은, 믿거나 말거나, 그가 그들과 이야기하는 방식이다. 이것은 사람들을 불안하게 하는데, 왜냐하면 어느 것도 마치 당신이 극히 똑똑한 것처럼—특히 당신이 좀체 알지 못하는 어떤 사람에 의해—취급되는 것보다 더 심란하게 하는 것은 없기 때문이다. 그러한 사람에게 환멸을 느끼게 하는 것을 피하도록 당신은 끊임없는 비상 대기 상태를 유지하고 당신이 말하기 전에 생각할 필요가 있다. ... 그것은 심지어 당신이 생각하는 대신에 항상 사용했던 부분적으로 포장된 상투어들을 검토하게도 한다.

일상 대화에서, 펜윅은 길동무이다. 그는 당신의 사고(思考) 열차에서 모든 칙칙폭폭 소리를 따른다—참으로, 그는 당신과 함께 바로 열차에 뛰어오른다. 그리고 당신이 가까스로 차츰 힘을 내기 시작한 후에 펜윅은 (a) 당신이 열차를 잘못 탔다거나, (b) 당신이 가고 싶은 곳에 그것이 정차하지 않는다거나, (c) 궤도들이 당신의 전제로부터 당신의 예상들로 이끌지 않는다거나, (d) 도약이 좋을 때 당신이 뛰어내리는 것이 더 낫든지 당신의 입장이

의거한다는 점을 당신이 절대 의심하지 않았던 흐리멍덩한 생각들의 늪에 당신이 빠질 것이라고 신이 나서 보여준다.

오스카 와일드(Oscar Wilde)는 ... 한때 비꼬았다: "나는 폭력을 참을 수 있지만, 맹목적인 이성은 아주 참을 수 없다. ... 그것은 지성의 아래에서 치고 있다." 펜윅은, 밝은 친구로서, 결코 지성 아래에서 치지 않는다. 그는 항상 친절하고, 공정하며, 참을성 있고, 온건하다—이것은 그의 인기 없음을 크게 증가시킨다. 당신은 내 말을 이해하는가? 펜윅은 토론들에서 아주 공정하여 사람들은 심지어 그를 불공정한 책략들을 사용한다고 비난할 수도 없는데, 당신이 틀릴 때 그것보다 더 약오르는 것은 없다.

친절하고, 공정하고, 참을성 있고, 정말 짜증나게 논리적인 펜윅에 관한 로스텐의 묘사가 완전히 닮은 사진에 가깝다는 것은 밀턴 프리드먼을 개인적으로 알고 있었던 사람들 사이에서 보편적으로 인정된 진실이다. 심지어 극도의 적개심에 직면해서조차도 그런 공정하고 침착한 성벽의 유지는 항상 소득 가설이나 화폐 수량설만큼 드물고 칭찬할 만한 업적이다.

프리드먼이 그를 아는 거의 모든 사람에 의해 사랑받았다는 점은 그의 인격에 대한 증언이다. 나는 전부 네댓 번 오랫동안 그와 이야기했다. 그때마다, 심지어 우리가 심하게 의견이 달랐을 때조차도, 그는 대단히 자애롭고 친절했다. 우리는 한때 마약 전쟁(Drug War)에 대해 충돌했는데, 우리 둘 다 똑같은 이유들로 그것에 반대했지만, 우리는 어느 이유들이 가장 중요한지에 대해 의견이 달랐다. 그는 가장 큰 쟁점이, 납세자들에 대해서 뿐만 아니라 투옥되는 사람들의 가족들에 대해서도, 투옥의 비용을 포함한, 시행의 비용이라고 믿었다. 나는 이것이 크다고 인정했지만, 그 제품에 대해 더 많이 지급하고 많은 경우 그것을 사용하는 것이 전적으로 단념되는 오락성 마약 사용자들에게 부과되는 비용과 비교했을 때 그것이 여전히 작을지 모른다고 생각했다. 논쟁하기보다, 우리는 작은 조각의 종이를 뽑아내 몇몇 즉석 추정치를 내었다. 우리의 계산은, 어느 합당한 근사치까지, 시행의 비용과 소비자들에 대한 비용이 같다는 점을 보여주었다. 우리가 이것을 깨닫자마자, 프리드먼은 자못 기뻐 웃었다. 나는 아직도 그가 정확하게 무엇을 그렇게 기쁘게 느꼈는지 잘 모르지만, 나는 의견 불일치들이 논리, 증거, 그리고 진실에 대한 정직한 존중으로 가장 잘 해결된다는 점이 다시 한번 환기된 순수한 기쁨과 그것이 많은 관련이 있었다고 생각한다.

 프리드먼의 이례적인 따뜻함과 친절은 또한 그의 결혼의 힘에서도 드러났는데, 이것은 많이 언급되었다. 밀턴과 로즈가 한 방에 같이 있었을 때, 그들 사이의 사랑은 실재하였다. 당신은 그들이 서로 가까이에 있었을 때 그것을 보았고, 당신은 심지어 그들이 방의 반대쪽들에 있었을 때조차도 그것을 느꼈는데, 너무 미묘하여 서술할 수 없고 너무 강력하여 놓칠 수 없는 방식들로 소통하고 있었다. 이것은 심지어 낯선 사람들에게조차도 뚜렷했는데, 이 사람들은, 두드러지게 흔히, 다른 어떤 사람도 이 예외적인 유대를 알아차렸었는지 후에 물었다. 그렇다, 그들은 [그런 유대를] 가지고 있었다. 나는 밀턴 프리드먼과 아는 사이였다는 것이, 그리고 그의 존재로 많이 향상된 세계에 사는 것이, 영광이고 감사하다.

추가적인 읽을거리를 포함하는 장들에 관한 주

스탠퍼드 대학교의 후버 연구소는 *The Collected Works of Milton Friedman*이라는 표제의 웹사이트 <https://miltonfriedman.hoover.org/collections>를 유지한다. 아래에서 인용된 프리드먼에 의한 대부분 저작은 그 웹사이트에서 찾을 수 있다.

제1 장

학문적 전통은 선구적인 아이디어들이 처음 학술지 논문들에 그리고 오직 후에만 책들에 제시된다고 규정한다. 프리드먼은 그가 (230페이지의 지지하는 이론 및 증거와 더불어) 자기의 항상 소득 가설을 한 책에 도입했을 때 이 전통과 단절했다. 그 책, *A Theory of the Consumption Function*은 1959년에 Princeton University Press에 의해 출판되었다.

제2 장과 제3 장

밀턴 프리드먼의 강박관념들을 자기 자신의 것들과 대비시키는 Robert Solow의 언명은 George Shultz 및 Robert Aliber가 편집하고 University of Chicago Press가 1966년에 출판한, *Guidelines, Informal Controls, and the Marketplace*라 불리는 에세이들의 책에 대한 그의 기고에 실려 있다.

화폐의 수요와 공급에 관한 프리드먼의 분석은, "인플레이션은 항상 그리고 모든 곳에서 화폐 현상이다,"라는 결론 그리고 화폐 정책에 대한 함의들과 더불어, 많은 프리드먼의 논문과 에세이에 걸쳐 펼쳐져 있는데, 그 다수는, 1969년에 Aldine에 의해 출판된, *The Optimum Quantity of Money and*

*Other Essays*라 불리는 책에 수집되어 있다. 이 에세이들의 다수는 아주 전문적이지만, 프리드먼은 훌륭하고 대개 전문적이지 않은 개관을, 1970년에 Institute of Economic Affairs가 출판한, *The Counter-Revolution in Monetary Theory*라는 제목의 14페이지 에세이에서 제공했다.

제4장

Milton Friedman과 Anna Schwartz의 초(超)대작 *Monetary History of the United States: 1867-1960*은 1963년에 Princeton University Press에 의해 출판되었다. 1930년대의 재난의 내습에 특별히 관심 있는 독자들에게는, 관련 장은 제7장 "The Great Contraction: 1929-1933,"이다. 이 장은 2년 후에 동일 출판사에 의해 독립형의 종이 표지 책으로 재출판되었다.

제5장

William Phillips는 *Economica*에 1958년 11월에 발표한, "The Relation Between Unemployment and the Rate of Change of Money Wage Rates in the United Kingdom, 1861-1957,"이라는 제목의 논문에서 인플레이션과 실업률들을 관련 짓는 자기의 커브들을 처음 그렸다. 프리드먼은 American Economic Association에 대한 자기의 1967년 회장 연설에서 그 자료에 관한 자기의 근본적인 재해석을 제시했다.

미래의 노벨상 수상자 Edmund Phelps도 역시 1967년에 "Phillips Curves, Expectations of Inflation and Optimal Unemployment over Time,"이라는 제목의 *Economica* 논문에서 비슷한 분석을 제안했다. 프리드먼의 회장 연설은 다음 해에 "The Role of Monetary Policy,"라는 제목의 논문으로 *Journal of Political Economy*에 발표되었다. 프리드먼은 또 하나의 공개 강연, "Inflation and Unemployment,"라는 제목의, 그의 1976년 노벨상 수락 연설에서 바로 그 주제들로 돌아왔다.

제6장

프리드먼의 가격 이론 과목으로부터의 강의 노트들은 책 *Price Theory*로 출판되었는데, 처음 1962년에 Taylor and Francis에 의해 그리고 그다음 다시 2017년에 Routledge에 의해 출판되었다. 시카고 가격 이론 전통에서 다른 고전적인 교과서들은 George Stigler에 의한 *Theory of Price*와 Gary Becker에 의한 *Economic Theory*를 포함한다.

Ronald Coase의 외부성 이론은 1960년, *Journal of Law and Economics*에서 "The Problem of Social Cost,"로 발표되었다.

시카고 가격 이론 전통에서 가장 중요한 추가적인 저작들은 다음을 포함한다:

- Gary Becker, *The Economic Approach to Human Behavior*, University of Chicago Press, 1978.
- Gary Becker, *The Economics of Discrimination*, University of Chicago Press, 1971.
- Gary Becker, *A Treatise on the Family*, Harvard University Press, 확대판, 1993.
- Harry Markowitz, *Portfolio Selection*, Yale University Press, 1959.
- Eugene Fama, *Foundations of Finance*, Basic Books, 1976.
- Robert Fogel and Stanley Engerman, *Time on the Cross: The Economics of American Negro Slavery*, Little Brown, 1974.

제7장

*Capitalism and Freedom*은 University of Chicago Press에 의해 1962년에 출판되었고, 그다음 1982년과 2003년에 추가적인 자료를 가지고 재발행되었다.

*The Human Freedom Index*는, the Fraser Institute, the Cato Institute, and the Friedrich Naumann Foundation for Freedom의 공동 간행물인데, 웹에서

이용할 수 있다: <https://www.fraserinstitute.org/sites/default/files/human-freedom-index-2018.pdf>.

제8장

본문에서 언급되었듯이, 직업 면허에 대한 프리드먼의 관심은 그의 박사 학위 연구에서 생겼다. 이 연구는 결국 National Bureau of Economic Research (약칭 NBER)에 의해 출판되었다−그러나 즉시는 아닌데, 의료 면허 교부가 의사들에 대해 더 높은 소득을 유지하는 것을 돕기 위해 주로 진입 장벽으로서 고안되었다는 프리드먼의 선동적인 결론에 관한 우려 때문이었다.

박사 학위 논문 자체는 약 600페이지 길이였고, 아직도 널리 역작으로 여겨진다. 그것은 현대 노동 경제학에서 주요 주제들의 두 가지에 대해 기초를 형성했다. 첫째, 프리드먼은 (자기의 논문 지도 교수, 노벨상 수상자 Simon Kuznets와 더불어) 인적 자본 투자들(즉, 기능들의 획득)에 대한 수익을 면밀하게 계산한 첫 번째 사람이었고, 다음 20년 동안 노동 경제학에서 많은 선구적인 연구를 추진시킨 인적 자본 이론에서 혁명의 전조가 되었다. 둘째, 그들은 보상적 임금 격차(compensating wage differentials) (즉, 사람들이 상대적으로 바람직하지 않은 일을 하는 대가로 버는 임금 프리미엄)의 이론을 개척하였다. 이것도 역시 현대 노동 경제학에서 주요 주제로 발전했다.

Friedman과 Kuznets를 저자로 명부에 올리는 NBER 책은 1945년에 *Income from Independent Professions*라는 제목으로 출판되었다.

제9장

프리드먼의 *Newsweek* 칼럼들은 많은 딱딱한 표지 책에 수집되었지만, 모두 Hoover Institution의 웹사이트에서 온라인으로 이용할 수 있다: <https://miltonfriedman.hoover.org/collections>.

모병제에 관해: 1966년 Sol Tax의 시카고 대회 참가자들은 그해 University of Chicago Press에 의해 출판된 *The Draft: A Handbook of Facts and*

*Alternatives*라는 제목의 책을 출판했다. 이 책은 Walter Oi의 역사적 발표의 본문을, "The Costs and Implications of an All-Volunteer Force,"라는 제목으로, 포함하고 있다. Oi는 이 자료를 *American Economic Review* (1967)의 "The Economic Cost of the Draft,"에서 상술했다. 프리드먼은 1967년에 *New Individualist Review*에서 "Why Not a Voluntary Army?"라는 짧은 에세이를 덧붙였다.

교육 선택에 관해: 바우처들을 제안하는 프리드먼의 1955년 에세이, "The Role of Government in Education,"은 *Economics and the Public Interest*에 포함되어 있는데, Robert Solo가 편집하고 Rutgers University Press가 출판하였다.

규제에 관해: FDA에 관한 Sam Peltzman의 논문, "An Evaluation of Consumer Protection Legislation: The 1962 Drug Amendments,"는 1973년에 *Journal of Political Economy*에 발표되었다.

환율에 관해: 프리드먼은 그 쟁점을 "The Case for Flexible Exchange Rates,"라는 제목의 에세이에서 처음 제창했는데, 1950년에 씌었고 회람되었지만 1953년에 University of Chicago Press로부터의 프리드먼의 책 *Essays in Positive Economics*에서 한 장으로서 출판되었다.

제*10*장

Milton and Rose Friedman의 *Free to Choose*는 Houghton Mifflin이 1990년에 출판했다. Leo Rosten의 *People I Have Loved, Known or Admired*는 McGraw-Hill이 1970년에 출판했다.

출판 정보

배포 이 연구소의 출판물들은 <http://www.fraserinstitute.org>에서 PDF(Portable Document Format)로 이용할 수 있고 Adobe Acrobat®나 Adobe Reader®, 버전 7이나 이후 버전으로 읽을 수 있습니다. 가장 최근 버전인 Adobe Reader® X는 Adobe Systems Inc.로부터 <http://get.adobe.com/reader/>에서 무료로 이용할 수 있습니다. 다른 제조업자들로부터의 애플리케이션들(예를 들어, 애플의 Preview)을 사용하여 우리의 PDF 파일들을 보거나 인쇄하는 데 어려움이 있는 독자들은 Reader®나 Acrobat®를 사용해야 합니다.

출판물 주문하기 프레이저 연구소의 인쇄 출판물들을 주문하는 것과 관련된 정보에 대해서는, e-mail: sales@fraserinstitute.org이나 전화: 604.688.0221 내선 580, 혹은, 수신자 부담, 1.800.665.3558 내선 580을 이용하십시오.

매체 매체 문의에 대해서는, 전화 (1) 604.714.4582에서 우리의 Communications Department와 접촉하거나 communications@fraserinstitute.org로 이메일을 보내십시오.

Copyright © 2019 by the Fraser Institute. 저작권 소유. 비판 논문들과 논평들에서 인용된 짧은 구절들의 경우를 제외하고는 이 책의 어떤 부분도 서면 허가 없이는 어떤 방식으로든 복제를 금합니다.

ISBN 978-0-88975-542-0—캐나다에서 인쇄 및 제본.

인용 Landsburg, Steven E. (2019). *The Essential Milton Friedman*. Fraser Institute.

표지 디자인과 도판(圖版) 빌 C. 레이(Bill C. Ray)

지은이에 관해

스티븐 E. 랜즈버그(Steven E. Landsburg)는 로체스터 대학교 경제학 교수이다. 그는 ≪당신은 경제학자보다 한 수 앞설 수 있는가?(Can You Outsmart an Economist?)≫, ≪큰 질문들(The Big Questions)≫, ≪더 많은 섹스가 더 안전한 섹스다(More Sex is Safer Sex)≫, ≪공정한 경기(Fair Play)≫, ≪탁상공론 경제학자(The Armchair Economist)≫, 두 권의 경제학 교과서, 그리고 수학, 경제학 및 철학에서 30편이 넘는 학술지 논문의 저자이다. 그는 정기적으로 ≪포브스(Forbes)≫와 ≪슬레이트(Slate)≫를 위해 그리고 가끔은 ≪월 스트리트 저널(The Wall Street Journal)≫, ≪뉴욕 타임스(The New York Times)≫, 및 기타 간행물들을 위해 글을 썼다.

출판사의 감사 말씀

프레이저 연구소는, 본질적인 학자들(Essential Scholars) 시리즈의 확대를 위한 기초를 확립한, ≪본질적인 하이에크(Essential Hayek)≫ (2015)와 ≪본질적인 애덤 스미스(Essential Adam Smith)≫ (2018)를 지원해 주신 데 대해 롯데와 존 헥트 기념 재단(Lotte and John Hecht Memorial Foundation)에 감사를 드리고 싶습니다. 우리는 이 특정 책, ≪본질적인 밀턴 프리드먼(Essential Milton Friedman)≫을 지원해 주신 데 대해, 롯데와 존 헥트 기념 재단과 함께, 또한 존 템플턴 재단(John Templeton Foundation)에도 감사를 드리고 싶습니다.

프레이저 연구소를 후원하기

프레이저 연구소를 후원하는 방법을 알기 위해서는, 아래의 방법으로 접촉하십시오.

- Development Department, Fraser Institute,
  Fourth Floor, 1770 Burrard Street,
  Vancouver, British Columbia, V6J 3G7 Canada
- 전화, 수신자 부담: 1.800.665.3558 내선 586
- e-mail: development@fraserinstitute.org

목적, 자금 조달, 그리고 독립

프레이저 연구소는 유용한 공공 서비스를 제공합니다. 우리는 현행 공공 정책들의 경제적 및 사회적 효과들에 관해 객관적인 정보를 전하고, 우리는 삶의 질을 향상할 수 있는 정책 선택지들에 관해 증거에 기반을 둔 연구와 교육을 제공합니다.

본 연구소는 비(非)영리 조직입니다. 우리의 활동들은 자선적 기부, 제한 없는 조성금, 입장권 판매, 그리고 이벤트로부터의 후원, 대중 유통을 위한 제품들의 허가, 및 출판물의 판매로 자금이 조달됩니다.

모든 연구는 외부 전문가들의 엄밀한 심사를 받아야 하고, 연구소의 이사회 및 그것의 기부자들과 독립되어 수행되고 출판됩니다.

저자들이 표현한 의견들은 그 개인들 자신의 것들이고, 반드시 연구소나, 그것의 이사회나, 그것의 기부자들과 후원자들이나, 그것의 직원들의 의견들을 반영하는 것이 아닙니다. 이 출판물은 프레이저 연구소, 그것의 이사들, 혹은 직원이 어떤 법안이든 지지하거나, 그 통과를 반대한다는 것을, 혹은 그들이 어떤 특정 정당이나 후보든 지지한다는 것을 절대 함축하지 않습니다.

더 나은 공공 정책을 통해 사람들의 삶을 향상하기를 바라는 동포들 사이 공개 토론의 건전한 일부로서, 본 연구소는 우리가 출판하는 연구에 관해 증거에 집중한 정밀 조사를 환영하는데, 이것은 자료원들의 확인, 분석 방법들의 반복, 그리고 정책 권고들의 실제 효과들에 관한 이성적인 토론을 포함합니다.

프레이저 연구소에 관해

우리의 비전은 개인들이 더 많은 선택, 경쟁 시장들, 그리고 개인적 책임으로부터 편익을 얻는 자유롭고 번영하는 세계입니다. 우리의 사명은 경쟁 시장들과 정부 개입들이 개인들의 복지에 미치는 영향을 측정하고, 연구하며, 의사 전달하는 것입니다.

1974년에 설립되어, 우리는 독립적인 캐나다 연구 및 교육 조직으로서 북아메리카 전체에 걸쳐서 활동 장소들과 85개를 넘는 국가에 국제 파트너들을 가지고 있습니다. 우리의 연구는 수천의 개인, 조직, 그리고 재단으로부터 세금 공제의 기부금으로 자금이 조달됩니다. 자체의 독립성을 보호하기 위해, 본 연구소는 정부 교부금이나 연구 계약을 받지 않습니다.

동료 심사—우리 연구의 정확성을 확인하기

프레이저 연구소는 자체의 연구에 대해 엄격한 동료 심사 과정을 유지합니다. 프레이저 연구소에 의해 수행되는 새 연구, 주요 연구 프로젝트들, 그리고 실질적으로 수정된 연구는 적어도 한 명의 내부 전문가와 두 명의 외부 전문가에 의해 심사됩니다. 심사자들은 다루는 주제 영역에서 인정된 전문 지식을 가지고 있을 것으로 기대됩니다. 가능할 때는 언제든지, 외부 심사는 맹검(盲檢) 과정(blind process)입니다.

    논평들과 콘퍼런스 논문들은 내부 전문가들이 심사합니다. 이전에 심사된 연구에 대한 갱신이나 이전에 심사된 연구의 새 판은 그 갱신이 방법론에서 실질적이거나 중요한 변경을 포함하고 있지 않은 한 심사되지 않습니다.

심사 과정은 연구소가 출판하는 모든 연구가 적합한 동료 심사를 통과하도록 확실히 하는 책임을 지고 있는 연구소 연구부들의 이사들이 감독합니다. 만약 연구소의 동료 심사 과정 동안 심사자들의 추천에 관해 분쟁이 일어난다면, 연구소가 캐나다, 미국, 그리고 유럽 출신 학자들의 패널인 편집 자문 위원회(Editorial Advisory Board)를 가지고 있어서, 연구소는 분쟁을 해결하는 데 그것에 도움을 구할 수 있습니다.

편집 자문 위원회

위원

테리 L. 앤더슨 교수 (Prof. Terry L. Anderson)
로버트 배로 교수 (Prof. Robert Barro)
장-피에르 상티 교수 (Prof. Jean-Pierre Centi)
존 챈트 교수 (Prof. John Chant)
베브 달비 교수 (Prof. Bev Dahlby)
어윈 다이워트 교수 (Prof. Erwin Diewert)
스티븐 이스턴 교수 (Prof. Stephen Easton)
J.C. 허버트 에머리 교수 (Prof. J.C. Herbert Emery)
잭 L. 그라낫슈타인 교수 (Prof. Jack L. Granatstein)
허버트 G. 그루벨 교수 (Prof. Herbert G. Grubel)
제임스 고트니 교수 (Prof. James Gwartney)
로널드 W. 존스 교수 (Prof. Ronald W. Jones)
제리 조던 박사 (Dr. Jerry Jordan)
로스 맥키트릭 교수 (Prof. Ross McKitrick)
마이클 파킨 교수 (Prof. Michael Parkin)
프리드리히 슈나이더 교수 (Prof. Friedrich Schneider)
로런스 B. 스미스 교수 (Prof. Lawrence B. Smith)
비토 탄지 박사 (Dr. Vito Tanzi)

과거 위원

아르먼 앨치언 교수 (Prof. Armen Alchian)*
마이클 블리스 교수 (Prof. Michael Bliss)
제임스 M. 뷰캐넌 교수 (Prof. James M. Buchanan)* †
프리드리히 A. 하이에크 교수 (Prof. Friedrich A. Hayek)* †
H.G. 존슨 교수 (Prof. H.G. Johnson)*
F.G. 페넌스 교수 (Prof. F.G. Pennance)*
조지 스티글러 교수 (Prof. George Stigler)* †
앨런 월터스 경 (Sir Alan Walters)*
에드윈 G. 웨스트 교수 (Prof. Edwin G. West)*

* 사망; † 노벨상 수상자

옮긴이 후기

현대 자유주의는 크게 네 학파, 즉 오스트리아학파, 객관주의자들, 시카고학파, 그리고 공공선택학파로 나눌 수 있다. 역자는 그간 공공선택학파와 오스트리아학파의 책들을 제법 많이 번역했고, 아인 랜드에 관한 책을 한 권 번역했지만, 시카고학파와 관련된 역서는 내지 않았다. 그 이유가 시카고학파에 대해 역자가 관심이 없어서가 아니었다. 오히려 시카고학파와 관련해서 이미 국내에 널리 소개가 되어 있다는 점이 크게 작용하였다.

사정이 그러하지만, 역자는 시카고학파의 태두, 밀턴 프리드먼에 관해 핵심적인 내용이 들어 있는, 간결하면서도 깊이 있는, 한 권의 책을 번역하지 않을 수 없었다. 그 책은 Steven E. Landsburg, *The Essential Milton Friedman*, Fraser Institute, 2019였다. 이 책에서 스티븐 랜즈버그 교수는 밀턴 프리드먼에 관해 그의 학설들, 정책 아이디어들, 더 나아가서 그의 인간성까지 잘 밝히고 있다.

그러한 것들이 두껍지 않은 지면에 잘 요약되어 있지만, 이 후기에서는 역서의 각 장에 대해 생각을 정리하는 요약 문장으로서나 각 장을 읽어 나가는 데 사용될 환기 문장으로서 작용하기를 바라면서, 장별로 다시 한 문장씩으로 요약한다. 해당 장에서 '역자'가 신선하게 느낀 점을 중심으로 장별로 요약했기 때문에, 독자의 문장은 다를 수 있다.

제1장: 사람들은 자기의 현재 소득이 아니라 항상 소득에 따라 지출한다.

제2장: 화폐가 공급되면 사람들은 물건들을 사서 화폐를 제거하려고 노력하고, 이것은 가격들을 올린다.

제3장: 프리드먼은 장기적으로 1년에 약 2-5퍼센트의 화폐 공급 증가를

수용했다.

제4장: 미국 대공황은 단기적으로 화폐 당국이 화폐 공급을 거의 1/3만큼 떨어지게 했기 때문에 일어났다.

제5장: 예상된 인플레이션 변화들은 고용에 영향을 끼치지 않는다.

제6장: 시카고 가격 이론은, 프리드먼의 화폐 이론을 포함하여, 모든 연구의 중심이었다.

제7장: 경제적 자유는 개인적 및 정치적 자유의 전제 조건이다.

제8장: 직업 면허제를 인증제로 바꾸는 것이 바람직하다.

제9장: 프리드먼은 모병제, 교육 바우처, 변동 환율제 등을 주창했고, 이것들은 정책으로 채택되었다.

제10장: 밀턴 프리드먼은 친절하고, 공정하고, 참을성 있고, 정말 짜증나게 논리적이었다.

본문을 저자 랜즈버그 교수는, "나는 밀턴 프리드먼과 아는 사이였다는 것이, 그리고 그의 존재로 많이 향상된 세계에 사는 것이, 영광이고 감사하다."고 끝을 맺었다. 역자 역시 밀턴 프리드먼의 존재로 많이 향상된 세계에 사는 것에 감사한다. 그렇지만 우리나라는 아직 갈 길이 멀다.

중등학교 평준화 정책으로 여전히 학교 선택이 배제되어 있다. 최저 임금제나 임대차 규제로 경제적 자유가 침해되고 있다. 정부는 온갖 일을 하려 들고, 유권자는 온갖 일을 정부에 요구한다. 우리나라의 "자본주의와 자유"는 위기에 처해 있다. 직업 면허제를 인증제로 바꾸는 것은 생각도 하지 못하고, 모병제의 이점에 대해서는 거론조차 꺼린다.

마지막으로, 이 책의 번역 출판과 관련하여, 흔쾌히 번역 출판권을 주신 캐나다의 프레이저 연구소(Fraser Institute)와 동 연구소의 선임 편집인 크리스틴 맥카혼(Kristin McCahon), 그리고 원본 표지의 밀턴 프리드먼 도판 파일을 주신 그래픽 디자이너 펭 웨이(Peng Wei)에게 감사드린다.

2022년 1월 28일

옮긴이에 관해

황수연은 진주고등학교와 서울대학교 경영학과를 졸업하고 서울대학교 행정대학원에서 행정학 석사와 박사 학위를 받았다. 경성대학교 행정학과 교수를 정년퇴직하였으며, 한국하이에크소사이어티 회장을 역임하였다. 한국개발연구원(KDI) 연구원으로, 그리고 경성대학교 재직 중에는 애리조나 대학교 경제학과(1991[풀브라이트 교환학자], 1997년), 조지 메이슨 대학교 공공선택 연구 센터(2004년), 플로리다 주립대학교 경제학과 및 스타브로스 센터(2013년)에서 교환 교수로 연구하였다. 공공선택론, 오스트리아학파 경제학, 시장 경제, 그리고 자유주의 분야의 책을 다수 번역하였다.

옮긴이 **황수연**이 낸 역서(공역 포함)

≪득표동기론: 공공선택론 입문≫ (고든 털럭)

≪현대 정치 경제론≫ (브루노 S. 프라이)

≪국민 합의의 분석: 입헌 민주주의의 논리적 근거≫ (제임스 M. 뷰캐넌 및 고든 털럭)

≪동물 사회의 경제학≫ (고든 털럭)

≪새 연방제론: 지방자치의 공공선택론≫ (고든 털럭)

≪게임 이론: 개념과 응용≫ (프랭크 저게리)

≪사적 욕망과 공공 수단: 바람직한 정부 범위에 관한 경제학적 분석≫ (고든 털럭)

≪지대 추구≫ (고든 털럭)

≪합리적 투표자에 대한 미신: 민주주의가 나쁜 정책을 채택하는 이유≫ (브라이언 캐플런)

≪공공재, 재분배 그리고 지대 추구≫ (고든 털럭)

≪득표 동기론 II: 공공 선택론의 이해≫ (고든 털럭)

≪자유주의로의 초대≫ (데이비드 보어즈)

≪관료제≫ (루트비히 폰 미제스)

≪전제 정치≫ (고든 털럭)

≪간결한 경제학 길잡이≫ (짐 콕스)

≪복지, 정의 그리고 자유≫ (스콧 고든)

≪도시 정부의 이해: 대도시 개혁의 재고≫ (로버트 L. 비시 및 빈센트 오스트롬)

≪경제 모형과 방법론≫ (랜들 G. 홀콤)

≪공공선택론 입문≫ (에이먼 버틀러)

≪대중을 위한 경제학: 오스트리아학파 입문≫ (진 캘러헌)

≪미국의 외교 문제: 간결한 역사≫ (고든 털럭)

≪루트비히 폰 미제스 입문≫ (에이먼 버틀러)

≪시장은 어떻게 작동하는가: 불균형, 기업가 정신 그리고 발견≫ (이즈리얼 M. 커즈너)

≪자유주의와 연고주의: 대항하는 두 정치 경제 체제≫ (랜들 G. 홀콤)

≪오스트리아학파 경제학 입문≫ (에이먼 버틀러)

≪대도시 지역의 공공경제: 공공선택 접근법≫ (로버트 L. 비시)

≪자유 사회의 기초≫ (에이먼 버틀러)
≪초보자를 위한 자유의 길잡이≫ (리처드 웰링스 편)
≪기업가 정신과 경제적 진보≫ (랜들 G. 홀콤)
≪고전적 자유주의 입문≫ (에이먼 버틀러)

≪축약된 국부론 그리고 대단히 축약된 도덕 감정론≫ (에이먼 버틀러)
≪자유 101≫ (매드센 피리)
≪공공 정책과 삶의 질: 시장 유인 대 정부 계획≫ (랜들 G. 홀콤)
≪번영의 생산: 시장 과정의 작동의 탐구≫ (랜들 G. 홀콤)
≪상식의 경제학: 모든 사람이 부와 번영에 관해 알아야 하는 것≫ (제임스 고트니,
　　리처드 스트룹, 드와이트 리, 토니 페라리니, 및 조지프 캘훈)
≪애덤 스미스 입문≫ (에이먼 버틀러)
≪공공선택론 고급 개론≫ (랜들 G. 홀콤)
≪아인 랜드 개론≫ (에이먼 버틀러)
≪시장의 재도입: 시장 자유주의의 정치적 부활≫ (존 L. 켈리)
≪자본주의 개론≫ (에이먼 버틀러)

≪정치적 자본주의: 경제 및 정치 권력이 어떻게 형성되고 유지되는가≫ (랜들 G. 홀콤)
≪학파: 101인의 위대한 자유주의 사상가≫ (에이먼 버틀러)
≪본질적인 오스트리아학파 경제학≫ (크리스토퍼 J. 코인 및 피터 J. 뵛키)
≪기업가 정신 개론≫ (에이먼 버틀러)
≪본질적인 애덤 스미스≫ (제임스 오티슨)
≪민주주의 개론≫ (에이먼 버틀러)
≪본질적인 제임스 뷰캐넌≫ (도널드 J. 부드로 및 랜들 G. 홀콤)